Découvrez l'histoire
par les archives
de presse
RETRONEWS
Le site de presse de la BnF
Au quotidien
Par époque
SE CONNECTER
S'ABONNER
RECHERCHE AVANCÉE +
Rechercher parmi 3 siècles de presse en ligne
NAPOLÉON
LAMARTINE
BASTILLE
VICTOR HUGO
BORDEAUX
RETRONEWS
Le site de presse de la BnF
www.retronews.fr

AF854127

LE NUMÉRO 75 c

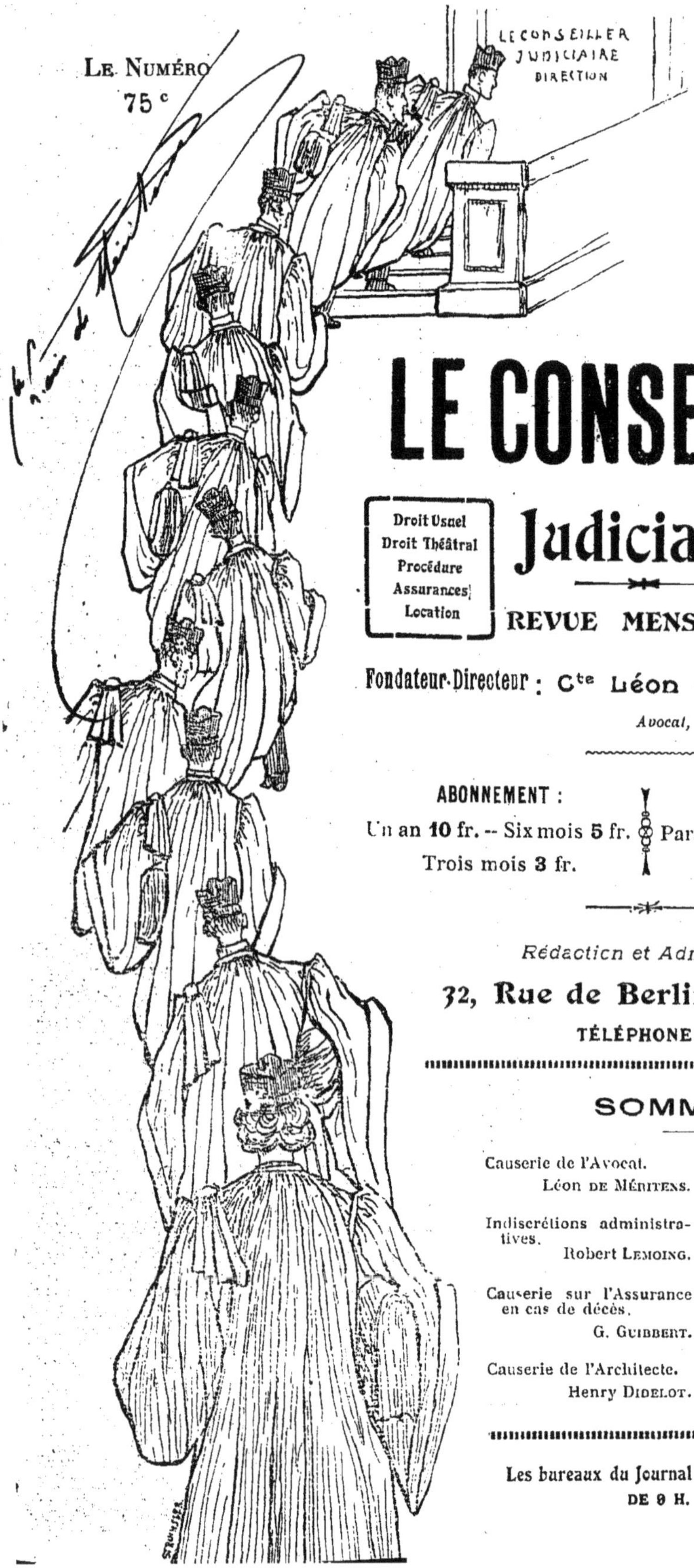

Cinquième Année

AOUT 1909

LE CONSEILLER Judiciaire

REVUE MENSUELLE

Droit Usuel Droit Théâtral Procédure Assurances Location	Droit Administratif Droit Commercial Architecture

Fondateur-Directeur : Cte Léon de MÉRITENS

Avocat, Docteur en Droit

ABONNEMENT :
Un an **10** fr. -- Six mois **5** fr.
Trois mois **3** fr.

REVUE
Paraissant le 1er de chaque mois.

Rédaction et Administration :

32, Rue de Berlin, PARIS (8e)

TÉLÉPHONE 298-08

SOMMAIRE :

Les bureaux du Journal sont ouverts tous les jours
DE 9 H. 1/2 A MIDI

JEAN SPINNLER
110, Rue Réaumur
Soies, Imitations Soies, Cotons
Agent général de Jos. BARLET et Cie
à SAINT-ETIENNE

PHOTOGRAPHIE SARTONY
Ateliers au rez-de-chaussée — Sans succursale
PARIS — 16, *Rue Duphot* — PARIS
Ne pas confondre avec la maison de la rue Lafayette.

Tous les Travaux d'Imprimerie, Têtes de lettre, Factures, Traites, Circulaires, Actions, Obligations, Affiches, Journaux illustrés, Revues, Brochures, sont exécutés rapidement et à des prix défiant toute concurrence, par l'Imprimerie chromotypographique et lithographique
MARFISI
65, Rue Marcadet — PARIS

OXYGÉNÉE
VERTE
CUSENIER

DANS TOUS LES CAFÉS
EXIGER LA BOUTEILLE

MANUFACTURE FRANÇAISE
d'Articles de Sports de CHATELLERAULT

1000 VELOS roue libre, frein, garde-boue, sacoche, **Pneus MICHELIN**
130 fr. au lieu de **250** fr. Catalogue gratis

PÉKING KONGSZE
Salon de Pédicure par artistes chinois
des Bains impériaux de Péking
15, rue de la Paix, PARIS

Voulez-vous entendre à domicile les auditions mêmes de l'Opéra, de l'Opéra-Comique et des principaux théâtres de Paris ?

Adressez-vous à la COMPAGNIE DU THÉATROPHONE,
Téléph. 101-08 *23, Rue Louis-Legrand,* PARIS Téléph. 101-08

CINQUIÈME ANNÉE AOUT 1909

LE CONSEILLER JUDICIAIRE

REVUE MENSUELLE

Droit Usuel, Droit, Droit Théâtral, Procédure, Location, Droit Administratif, Droit Commercial

RÉDACTION & ADMINISTRATION : *32, rue de Berlin, PARIS (VIIIe) - Téléph. 298-08*

CAUSERIE DE L'AVOCAT

LE CONGÉ

L'art. 1709 du Code civil dit : « Le louage des choses est un contrat par « lequel l'une des parties s'oblige à faire jouir l'autre d'une chose pendant « un certain temps et moyennant un certain prix que celle-ci s'oblige à « payer. »

Le bail à loyer, étant un louage de choses, est assujetti aux diverses prescriptions qui, sous la rubrique *contrat de louage*, forment le titre VIII, dans le Livre III du Code civil, art. 1708 et suivants.

« Le bail cesse de plein droit à l'expiration du terme fixé, lorsqu'il a été fait par écrit, sans qu'il soit nécessaire de donner congé » (art. 1737) ; mais le plus souvent, aujourd'hui, le bail écrit stipule que le preneur (en l'espèce, le locataire) devra prévenir six mois à l'avance, de son intention de mettre fin au contrat à l'expiration d'une quelconque des périodes déterminées, généralement de trois ans en trois ans. Bien entendu, à la fin de la dernière période, le bail cesse de plein droit.

« Si le bail a été fait sans écrit, l'une des parties ne pourra donner congé à l'autre qu'en observant les délais fixés par l'usage des lieux (art. 1736) ».

Le congé est donc l'avertissement qu'une des parties contractantes est tenue de notifier à l'autre, de son intention de cesser une location dont le terme n'a pas été fixé à l'avance.

Il peut être donné verbalement ou par écrit. Ce dernier est naturellement préférable, parce que, en cas de contestation, il est pièce probante ; surtout si l'on prend la précaution de le notifier *par lettre recommandée.* L'intervention d'un huissier n'est pas nécessaire.

Ainsi en a jugé le Tribunal de la Seine, en audience du 25 mars 1886. J'extrais de la sentence quelques lignes instructives :

« Attendu que la loi n'a prescrit aucune forme pour les congés ;

« Attendu qu'il suffit, pour la validité, que le congé soit notifié avant le terme imparti par le contrat ;

« Attendu que, dans l'espèce, les demandeurs ont notifié le congé à domicile deux jours avant l'expiration du terme, en prenant toutes précautions pour que la notification touchât le propriétaire...; etc.

« Par ces motifs, déclare valable le dit congé. »

Me Lévy-Alvarès, avocat à la Cour, faisant fonction de juge de paix au Ve arrondissement, avant de rendre un jugement de congé (septembre 1904), déclarait même que :

« Le concierge et le gérant sont parfaitement qualifiés pour recevoir la notification du congé. L'acceptation du propriétaire n'est pas nécessaire, surtout quand il s'agit de petits logements pour lesquels, le plus souvent, le locataire n'est en rapport qu'avec le concierge. » Toutefois, cette opinion est encore controversée.

Quant aux délais exigés pour la validité des congés, la loi étant également muette sur ce point, c'est l'usage qui fait la règle entre les parties.

A Paris, le délai de congé est de : six semaines pour les logements de 400 francs et au-dessous ; — trois mois pour ceux au-dessus de 400 francs, à quelque somme que s'élève le loyer ; — six mois pour les maisons entières, les corps de logis entiers, les magasins, les boutiques ouvrant sur la rue, sur un passage public ou sur une cour marchande dans laquelle le public a libre accès.

Quand il s'agit de plusieurs chambres séparées louées dans une maison, le délai de trois mois suffit pour le congé, à quelque somme que puisse s'élever le loyer.

Pour tous les fonctionnaires qui, à raison de leurs fonctions, sont obligés de loger dans un quartier déterminé, le délai est de six mois, quel que soit le prix de leur location.

Cette disposition, fondée sur la difficulté que ces personnes pourraient éprouver à trouver des logements convenables, est exclusivement en leur faveur, de telle sorte qu'il leur est toujours loisible de donner congé dans les délais ordinaires.

Le congé doit être donné au plus tard le dernier jour du terme qui précède celui à l'expiration duquel on désire faire cesser la location. Il ne pourrait être signifié valablement le premier jour de ce terme, parce qu'alors ce dernier, étant commencé, ne serait plus entier.

Les termes d'usage étant, à Paris, les 1er janvier, 1er avril, 1er juillet et 1er octobre, les congés doivent être donnés au plus tard aux époques suivantes :

1° La veille du demi-terme, c'est-à-dire le 14 des mois de février, mai, août et novembre, lorsque la location est d'un loyer annuel de 400 francs et au-dessous.

2° La veille du commencement du dernier terme, les 31 décembre, 31 mars, 30 juin, 30 septembre, lorsque la location est au-dessus de 400 francs.

Le locataire jouit à Paris d'un délai de huit à quinze jours pour vider les lieux loués, selon que le prix de son loyer est inférieur ou supérieur à 400 francs. C'est un usage qui a été pour ainsi dire transformé en un droit quoique les auteurs ne considèrent ce délai que comme une faveur, un délai de grâce

S'il y a eu congé, le preneur, quoiqu'il ait continué sa jouissance, ne peut invoquer la tacite reconduction.

Pour les chantiers de bois à brûler, les congés doivent être donnés à Pâques et une année d'avance ; ceux des chantiers de bois à ouvrer, 6 mois ;

Pour les marais, jardins dans l'intérieur de Paris, les congés à 6 mois, avant le 1er avril, pour le 1er octobre.

Le congé étant presque toujours la rupture d'un contrat, il est rare que la partie à laquelle il est notifié soit satisfaite ; certains, et je ne saurais trop les recommander comme exemples, apportent dans cette formalité une courtoisie de bon aloi.

Le modèle du genre était signalé dernièrement dans un journal, l'*Echo du VIIIe*, sous cette rubrique :

Congé aimable. — Ne disons pas de mal des propriétaires.

Ils savent parfois mettre des formes pour signifier leur congé aux locataires :

Madame,

Je vous demande bien pardon de la feuille de papier timbré que vous trouverez en même temps que cette lettre. Je voulais avoir l'honneur de vous faire ma visite et vous prier de vouloir bien accepter, pour le 1er avril prochain, congé de votre appartement, mais votre mari étant absent et vous, Madame, en campagne, moi-même devant faire un voyage de quelques mois, vous ne m'en voudrez pas de m'être mis en règle. Recevez-en de nouveau toutes mes excuses et croyez bien que si, depuis mon mariage, je n'avais pas eu besoin pour moi-même de cet appartement, j'aurais été trop heureux de vous garder chez moi.

Daignez agréer, Madame, l'expression de tous mes regrets et de mes respectueux hommages.

Cette lettre, il est vrai, est datée du 29 septembre 1842 et elle est signée : Eugène Scribe.

—x—

Entre la date légale du congé et le départ du locataire, celui-ci a pour obligation absolue de laisser visiter les lieux par les personnes qui se présentent pour les louer.

S'il s'y refusait sa peine serait, indépendamment de l'obligation de déménager à l'époque pour laquelle il aurait eu ou il aurait donné congé, de payer tout le prix du terme pour lequel il aurait empêché la location, chacun devant réparer tout le préjudice qu'il a causé ; et les dommages-intérêts étant, en général, l'équivalent de la perte éprouvée et du gain dont on a été privé (art. 1449 du code civil).

En cas d'opposition, d'absence ou de disparition du locataire, mort ou en voyage, le propriétaire n'a pas le droit de faire ouvrir les lieux de son autorité privée, même en présence de témoins ; il doit présenter une requête au président du tribunal, et ce magistrat ordonne l'ouverture par un serrurier, en présence d'un commissaire de police à Paris.

Lorsqu'il y a lieu de croire qu'il y a urgence, en cas de mort présumée, par exemple, le propriétaire peut directement requérir le commissaire de police, et celui-ci se transporte au domicile indiqué avec un serrurier, et en présence de témoins, l'ouverture a lieu et procès-verbal est dressé.

Tout congé est sans effet lorsqu'il n'est pas donné dans les délais légaux ; toutefois il n'est pas radicalement nul si l'intéressé a pris soin de faire rectifier, par un nouvel acte d'huissier, l'erreur commise.

Ainsi en a jugé la 6e chambre, après plaidoiries de Me Edmond Nantet et de Me Gallet, dans un différend où il s'agissait d'un congé donné, à trois mois au lieu de six mois, de locaux situés au rez-de-chaussée, sur une cour ouverte au public et loués pour un usage industriel.

Lorsque le congé est donné sous forme d'acte sous seing privé il est utile de le faire sur une feuille de timbre à 0 fr. 60 afin d'éviter l'amende qui serait encourue si l'acte était produit en justice.

LÉON DE MÉRITENS.

INDISCRÉTIONS ADMINISTRATIVES

Pour soustraire les justiciables aux commentaires trop souvent indiscrets des concierges, la loi a imposé aux huissiers le devoir de délivrer leurs actes sous enveloppe fermée ne portant d'autre indication, d'un côté que le cachet de l'étude, apposé sur la fermeture du pli, et de l'autre que le nom et l'adresse du destinataire.

Les contribuables se demandent pourquoi la même condition n'est pas imposée aux percepteurs qui, de façon si peu courtoise, transmettent tout ouverts leurs avis multicolores.

Récemment, un marchand de vin du 18e arrondissement se plaignait avec raison que, sans se donner la peine d'entrer dans la boutique, on lui avait jeté la feuille dans le bassin à laver les verres.

D'autres fois, ces feuilles sont glissées sous la porte et, foulées aux pieds, deviennent indéchiffrables.

Il serait bon de rappeler aux percepteurs qu'ils doivent recommander à leurs porteurs de remettre les divers avis en mains propres au contribuable ou entre les mains des concierges chargés d'en faire la distribution aux locataires.

Quant à l'usage de l'enveloppe fermée, est-il donc besoin d'en justifier la nécessité ?

Il ne faut pas oublier que la réputation d'honorabilité d'un particulier dépend très souvent des renseignements fournis par son concierge ; que son crédit peut être compromis sur des racontars et des indiscrétions.

L'administration de l'Enregistrement, des Domaines et du Timbre devrait être invitée à pratiquer la même mesure de convenances.

Il paraît que les règlements l'autorisent à envoyer les avis non cachetés. Ainsi, toutes les personnes entre les mains desquelles passent ces avis avant d'atteindre le destinataire peuvent en connaître la teneur, alors que d'autres règlements de la même administration lui enjoignent le secret professionnel.

C'est quelque peu incohérent, pour ne pas dire grotesque.

En France, où l'on rit de tout, les intéressés se contentent souvent d'en faire des gorges chaudes. C'est un tort, car la forme du pli et l'entêtement administratif excitent la curiosité ; et les indiscrets, qui sont quelquefois des ennemis, ne se font pas faute de divulguer, avec commentaires plus ou moins agréables, les renseignements ainsi surpris.

Tantôt, c'est l'évaluation d'une fortune par les chiffres des droits de succession, tantôt c'est le dénigrement par la vue d'une réclamation d'amende, etc...

L'espionnage et la diffamation ont beau jeu !

Il appartient à M. le ministre des finances de remédier à cet état de choses. Espérons qu'il donnera aux divers services du fisc les instructions nécessaires.

Ainsi soit-il !

Robert LEMOING.

A. B. C. — La gendarmerie a dressé un procès-verbal avec raison malgré l'autorisation verbale du maire ; vous serez condamné. Quand l'autorité supérieure a établi un règlement concernant les cafés, le maire ne saurait dispenser un, plusieurs ou tous les intéressés d'y obéir : il doit, au contraire, en assurer l'exécution. Un cabaretier, prévenu d'une infraction aux prescriptions préfectorales, qui basera sa défense sur une autorisation du maire, le dispensant d'obéir à l'arrêté du préfet, ne sera jamais écouté.

46123. Paris. — Le mariage contracté en pays étranger entre Français et étrangers sera valable en France s'il est célébré suivant la loi française et les formes usitées dans le pays. Dans les trois mois du retour en France, l'acte de célébration devra être transcrit sur les registres de l'état civil du domicile de chaque époux. Passé ces trois mois, la transcription ne peut se faire que par autorisation de justice.

Train. Correspondance non garantie. — Lorsque, d'après le tableau de la marche des trains, la correspondance n'est pas garantie, un voyageur ne peut se plaindre d'avoir manqué la correspondance. (*Tr. com. Nantes*, 26 janv. 1907).

Causerie sur l'Assurance en cas de décès

Intérêts, Combinaisons principales et Applications

Il y a cent ans et plus, Benjamin Franklin — l'inventeur des paratonnerres et aussi l'organisateur clairvoyant de la solidarité humaine dans sa forme la plus élevée : l'assurance, — écrivait à ses compatriotes :

« Souscrire une police d'Assurances sur la vie est le moyen le plus sûr « et le moins coûteux de se créer un patrimoine. — Etrange anomalie : on « assure maisons, navires et marchandises, et le chef de famille néglige « d'assurer sa vie, c'est-à-dire, de toutes ses propriétés, la plus précieuse « et en même temps la plus menacée ! »

Et plus tard, un Français, M. L. Bergeron, insistant sur cette idée fondamentale, écrivait dans une brochure restée le modèle du genre :

« Sur mille maisons, bien ou mal construites, combien, en moyenne, « doivent échapper à l'incendie ? — Neuf cent soixante au minimum.

« Sur mille hommse des plus robustes et des mieux constitués, combien « doivent échapper à la mort ? — Aucun. Pourquoi donc assurez-vous vo- « tre maison et n'assurez-vous pas votre vie qui est bien autrement pré- « cieuse et plus exposée ? »

Grâce aux efforts des compagnies d'Assurances sur la Vie, la vérité tombée de la plume de ces deux grands vulgarisateurs a fini par triompher de la routine et des préjugés des populations et aujourd'hui leur doctrine n'a plus besoin d'apôtres. Chacun apprécie ses bienfaits et l'indifférence seule empêche souvent leur diffusion. Mais ce que l'on connaît moins, ce sont les diverses combinaisons auxquelles se prête l'Assurance en cas de décès et l'application de chacune d'elles aux situations diverses des intéressés.

Nous allons rapidement passer en revue ces combinaisons et montrer comment elles trouvent leur application spéciale aux différentes situations que traversent les hommes pendant leur existence.

L'assurance pour la vie entière apportant au décès de l'assuré, à quelque époque qu'il ait lieu, fût-ce même le jour de la signature de la police, un capital déterminé au bénéficiaire désigné dans le contrat, convient à tout père de famille, commerçant, industriel, fonctionnaire, employé, agriculteur, ingénieur, médecin, magistrat, avocat, officier ministériel, dont les revenus dépendent de son travail et dont la mort prématurée peut être pour les siens une source de gêne ou de misère.

Par un contrat de cette forme, le mari peut aussi mettre la dot de sa femme à l'abri de toute éventualité et celle-ci peut, à son tour, prémunir son mari contre la gêne qu'il éprouverait s'il avait l'obligation de la restituer à son décès.

Ce contrat convient également aux époux qui veulent, sans faire tort à leurs héritiers, s'avantager mutuellement ou avantager un ou plusieurs enfants, ou corriger les inégalités de fortune quand il y a des enfants de plusieurs lits.

Il convient enfin au fils soutien de parents âgés qui, par sa mort, se trouveraient privés de ressources ; au débiteur qui, mourant, laisserait ses dettes à la charge des siens ; au propriétaire, à l'industriel, au commerçant à qui il permet, en égalisant la part des enfants, d'empêcher le morcellement parfois difficile, souvent stérilisateur, d'un domaine, d'une usine, d'une maison de commerce.

Dans tous les cas, l'Assurance pour la vie entière est d'abord un acte de haute prévoyance ; elle devient bientôt un moyen de crédit puisqu'un semblable contrat peut se *transférer* et qu'il peut être le gage d'un *prêt* consenti sur sa valeur au moment du nantissement.

La prime à payer par l'assuré est fixée en raison de son âge et du capital souscrit.

ASSURANCES POUR LA VIE ENTIÈRE

Primes annuelles assurant un capital de 100 francs

AGE	PRIME ANNUELLE		AGE	PRIME ANNUELLE	
	AVEC participation	SANS participation		AVEC participation	AVEC participation
ans	fr. c.	fr. c.	ans	fr. c.	fr. c.
21	2.16	1 95	40	3.59	3.23
25	2.35	2.12	42	3.83	3.45
27	2.47	2.22	45	4.26	3.84
30	2.67	2.40	47	4.59	4.13
32	2.81	2.53	50	5 16	4.64
35	3.07	2.76	55	6.35	5 71
37	3.26	2.93	60	7.96	7.16

—×—

L'Assurance Mixte, apportant au décès de l'assuré, au bénéficiaire désigné, ou, en cas de vie du contractant, à lui-même, à une date fixée, le capital déterminé dans le contrat, convient à la plupart des situations envisagées ci-dessus.

Les primes de cette forme d'assurance sont plus élevées que celles de la précédente, mais si ce contrat oblige le souscripteur à des économies plus importantes, il lui garantit la disposition de son capital s'il vit assez longtemps pour le recevoir.

Cette combinaison est très goûtée en France parce qu'elle constitue en même temps qu'une assurance, un emploi régulier et sûr des économies qu'on peut faire, économies qu'on oublierait de réaliser, qu'on risquerait d'égarer en placements aventureux et qu'on sera très aise de retrouver si l'on est vivant à l'époque fixée dans le contrat.

ASSURANCES MIXTES

Primes annuelles assurant un capital de 100 francs

AGE	Après 10 ans		Après 15 ans		Après 20 ans	
	Avec participation	Sans participation	Avec participation	Sans participation	Avec participation	Sans participation
ans	fr. c.	fr. c.	fr c.	fr. c.	fr. c.	fr. c.
25	10.69	9.62	6.89	6.20	5.05	4.55
30	10.75	9.67	6 96	6.27	5.14	4.63
35	10.83	9.75	7.08	6.37	5.28	4 75
40	10.97	9.87	7.25	6.52	5.50	4.95
45	11.18	10.06	7.52	6.77	5.84	5.25
50	11.50	10.35	7.94	7.14	6.36	5.73
55	12.01	10.81	8 60	7.74	7.18	6.46

—×—

L'Assurance à terme fixe, n'apportant le capital assuré qu'à une échéance déterminée, tout en supprimant le paiement des primes en cas de décès du souscripteur avant cette échéance, s'adresse particulièrement aux pères de famille qui veulent constituer une dot à leurs enfants. Si le bénéficiaire désigné dans le contrat vient à mourir, le contractant en désigne un autre, ou s'il n'a pas d'autre intérêt à sauvegarder, rachète ou réduit son contrat suivant les conditions stipulées à la police ; mais s'il meurt lui-même, les primes cessent d'être dues et il ne laisse pas à sa famille — qui cependant touchera le capital assuré à l'échéance convenue — la charge de leur paiement.

ASSURANCES A TERME FIXE

Primes annuelles assurant un capital de 100 francs

AGE	Après 10 ans		Après 15 ans		Après 20 ans	
	Avec participation	Sans participation	Avec participation	Sans participation	Avec participation	Sans participation
ans	fr. c.	fr. c.	fr. c.	fr. c.	fr. c.	fr. c.
25	10.57	9 51	6.70	6.03	4.79	4.31
30	10.60	9.54	6.74	6 07	4.83	4.35
35	10.66	9.60	6.81	6.13	4.90	4.41
40	10.75	9 68	6 90	6.22	5.01	4 51
45	10.90	9.81	7.06	6.36	5.17	4.66
50	11.12	10.01	7 31	6 58	5.43	4.89
55	11.47	10.32	7.69	6.92	» »	» »

L'assurance à terme fixe remplace très avantageusement les opérations *tontinières*, sortes d'assurances en cas de vie reposant sur les têtes des enfants eux-mêmes et qui eurent, vers 1848, une certaine vogue en France.

La seule différence entre l'*Assurance à terme fixe* et l'*Assurance mixte*, c'est que celle-ci oblige la Compagnie au paiement immédiat du capital assuré en cas de décès, tandis que celle-là n'oblige la Compagnie à effectuer ce versement qu'à l'échéance du contrat.

—×—

L'Assurance pour la Vie entière se traite à volonté *sur deux Têtes* et convient alors soit à des époux sans enfants, soit à deux associés, soit à deux frères désireux d'en laisser le capital au survivant dès le premier décès.

ASSURANCES POUR LA VIE ENTIÈRE, SUR DEUX TÊTES

Primes annuelles assurant un capital de 100 francs, payable au premier décès

AGE de l'une des deux têtes	AGE de l'autre	PRIME ANNUELLE	
		Avec participation	Sans participation
		fr. c.	fr. c.
25 ans	25 ans	3.34	3 »
	30 —	3.58	3.22
30 ans	30 ans	3.80	3.42
	35 —	4.11	3.70
40 ans	40 ans	5 18	4.66
	45 —	5.72	5 15
50 ans	50 ans	7.64	6.88
	55 —	8.64	7.77

Quand l'assurance pour la vie entière sur deux têtes est contractée par un fils au profit de sa mère âgée dont il est le seul soutien et stipule que le capital déterminé aux conditions du contrat est payable au décès seulement du fils prévoyant s'il meurt avant sa mère, sans qu'il soit dû en cas de mort de celle-ci, elle prend le nom d'*Assurance de Survie*. Cette combinaison s'applique d'ailleurs en un grand nombre de cas similaires.

Le contractant peut aussi, à un *Capital de survie*, préférer une *Rente de survie*. La Société tarifera la combinaison demandée.

Enfin l'Assurance en cas de décès peut être considérée comme utile pendant quelques années seulement et bien que cette combinaison constitue un acte de prévoyance limitée comme le contrat lui-même, elle a, dans certains cas spéciaux, sa raison d'être. C'est l'*Assurance temporaire*.

ASSURANCES TEMPORAIRES

Primes annuelles assurant un capital de 100 francs

AGE	ASSURANCE POUR					
	1 an	3 ans	5 ans	10 ans	15 ans	20 ans
ans	fr. c.	fr. c.	fr. c.	fr. c.	fr. c.	fr. c.
25	1.55	1 57	1.58	1.62	1.68	1.74
30	1.62	1.65	1.67	1.73	1.81	1.91
35	1.74	1 77	1.80	1.90	2.02	2.17
40	1.91	1.96	2.01	2.16	2 34	2.55
45	2.19	2.26	2.34	2.56	2.83	3.13
50	2.61	2.72	2.84	3.17	3.56	3.99

Les assurances limitées à quelques années servent surtout à garantir les emprunts qu'on peut avoir à faire.

Il ne faut pas confondre la combinaison précédente avec l'*Assurance sur la vie entière à primes temporaires*.

Celle-ci convient aux personnes qui prévoient une diminution de ressources à un certain âge, aux négociants, industriels, officiers ministériels, etc., qui, comme les fonctionnaires, comptent prendre leur retraite à une époque à peu près déterminée. Cette limitation du nombre d'années, pendant lesquelles les primes sont payables, sourit à un grand nombre d'assurés qui savent ainsi exactement la valeur maxima de leur engagement.

Il est bien entendu qu'en cas de décès, les primes cessent d'être dues.

ASSURANCES POUR LA VIE ENTIÈRE

à primes temporaires

Primes annuelles assurant un capital de 100 francs

Age	PRIME ANNUELLE PAYABLE PENDANT					
	10 ans		15 ans		20 ans	
	Avec participation	Sans participation	Avec participation	Sans participation	Avec participation	Sans participation
ans	fr. c.	fr. c.	fr. c.	fr. c.	fr. c.	fr. c.
25	5.74	5.17	4 21	3.79	3 47	3.12
30	6.20	5 58	4 56	4 11	3.77	3.39
35	6.74	6.07	4.98	4 48	4.14	3.73
40	7.38	6 64	5 49	4.94	4.60	4.14
45	8.13	7.32	6 11	5.50	5 18	4.66
50	9 02	8.12	6.88	6.19	5.63	5.33

—×—

L'Assurance mixte, comme l'Assurance pour la vie entière, se traite également sur deux têtes. Le capital est stipulé payable au premier décès.

Cette combinaison convient à deux époux, à deux associés, à deux frères désireux de laisser un capital au survivant dès le premier décès. En cas de vie des deux assurés, le capital demeure payable au bénéficiaire désigné.

ASSURANCES MIXTES SUR DEUX TÊTES

sans participation

Primes annuelles assurant un capital de 100 francs, payable au premier décès

AGE de l'une des deux têtes	AGE de l'autre	PRIME ANNUELLE Durée 25 ans	Durée 20 ans
		fr. c.	fr. c.
25 ans	25 ans	4.13	5.02
	30 —	4 23	5.11
30 ans	30 ans	4.33	5.19
	35 —	4.49	5.32
40 ans	40 ans	5.13	5.84
	45 —	5.51	6.15
50 ans	50 ans	6.98	7.41

GUSTAVE GUIBBET,
Assureur-Conseil.

Nota. — Je donne ci-dessus les principales combinaisons de l'Assurance en cas de décès, un abrégé de leurs Tarifs et leurs applications les plus fréquentes. Cela suffira dans la plupart des cas pour fixer le choix des intéressés. S'ils désirent des développements que le cadre de cette Etude sommaire ne comporte pas, je les leur fournirai avec les Tarifs généraux appropriés et tous les renseignements complémentaires utiles, le matin de dix heures à midi au bureau de la rédaction du *Conseiller Judiciaire*. 32, rue de Berlin.

Causerie de l'Architecte

Les pianos. — Les maisons de rapport, telles qu'on les construit aujourd'hui dans les villes, méritent trop souvent le nom de « maison de carton ». Elles sont établies en matériaux légers qui ont sans doute des qualités économiques remarquables, mais qui sont d'une sonorité désolante.

De tous les bruits qui se propagent ainsi d'un appartement à l'autre, celui du piano est certainement l'un des plus désagréables. Les « études » surtout ont le don d'exaspérer les nerfs des personnes sensibles.

Voici un moyen d'éviter cet inconvénient et d'épargner à ses voisins ce qu'on ne voudrait pas qu'ils nous fissent supporter à leur tour. Il consiste à prendre une bande d'étoffe assez épaisse de 5 centimètres de hauteur et d'une longueur suffisante pour s'étendre sur tout l'ensemble du mécanisme. On suspend cette bande en la collant à une tringle en bois mince de même longueur et on fixe ce petit appareil (durant le temps de l'étude) dans l'intérieur du piano, entre les cordes et les marteaux. Ceux-ci ne frappent plus directement sur les cordes qui ne s'usent pas, et l'attaque des marteaux sur l'étoffe rend le piano à demi-muet, et lui enlève, en même temps, toute résonnance fâcheuse.

HENRI DIDELOT,
Expert à la Cour d'Appel.

LANGUE ET ORTOGRAFE

En réponse à un article de M. Virgile Rossel, contre la réforme ortografique, je dirai que l'ortografe est le vêtement des mots qu'on veut fixer sur le papier. Ce qui enrichit ou apauvrit la langue, c'est le vocabulaire, c'est la parole écrite. Sans doute, la parole parlée n'a pas les précisions, les rigidités de la langue écrite, mais la langue française ne serait qu'une langue morte si les grands maîtres du parlement, du barreau, de la chaire, de la scène, n'en faisaient ressortir toutes les richesses.

Ce n'est pas parce que vous aurez enlevé un accent circonflexe par ci, un trait d'union par là et quelques lètres superflues que la pureté de la langue sera compromise, pas plus qu'èle ne le serait par un discours lu d'après une transcription fonétique.

S'il est vrai — et c'est presque une vérité de la Palisse — que toutes les réformes opérées, enregistrées si vous voulez, par l'Académie française, depuis 1740, ont été faites dans le sens fonétique, il faut convenir qu'èles ne sont guère le fait de révolutionnaires, de démolisseurs impies. On a parfaitement admis que les mots : *advocat, albastre, bled, chymiste, coeffe, éclorre, gayeté, genouil, hanicroche, moy, phlegmatique, pouppe, tousjours*, etc., perdent des lètres, ne se prononçant plus ou remplacées par d'autres.

Il y avait alors, come aujourd'hui, lute entre deus courants. Chapelain désirait garder la vieille ortografe de *charactère, cholère :* « Il trouvait mauvais ,raporte Ste-Beuve, qu'on simplifiât l'ortografe de ces mots dérivés du grec, par égard pour les ignorants et les idiots, car c'est ainsi qu'on apelait poliment, et d'après le grec, ceus qui ne savaient pas leur langue ».

Les exagérations d'un Beaunier qui pousse la désobligeance jusqu'à douter *que Brunot écrive un bon français* procèdent du même esprit. Où irait-on en s'engageant sur ce terrain brûlant ? Ernest-Charles a des apréciations fort sévères sur Gaston Deschamps qui se pique de défendre l'intégrité des mots contre les entreprises de ceus qu'il apèle des « saboteurs ». Conrart, « qui ne savait que le français, mais qui le savait dans toute sa pureté parisiène, — c'est toujours Ste-Beuve qui parle — combatit Chapelain. »

L'Académie française, avec un zèle plus ou moins vif, s'est constamment livrée à ce travail de revision auquel les réformistes voudraient doner une allure plus accélérée. Chaque édition du Dictionaire, 1694, 1712, 1740, 1762, 1795, 1835, 1877, bife des lètres étimologiques. En 1877, *aphthe, rhythme, phthisie, diphthongue*, et autres semblables, ont perdu un *h*. Mais on a laissé subsister une foule de contradictions, sous prétexte d'équilibre entre la force conservatrice qui tend à maintenir les vieus usages et la force révolutionaire, qui pousse en avant les mots, considérés come des organismes vivants.

Or, remarquez ceci : persone, parmi ceus qui contestent à l'Académie française le droit de réformer l'ortografe, ne proteste contre *rythme, phtisie*. C'est bel et bien à l'Académie française que nous devons ces grafies. Ele pouvait, en 1893, adopter les conclusions du raport d'Octave Gérard, raporteur de la comission du Dictionaire, èle pouvait n'en retenir qu'une partie et fournir une nouvèle « étape », — nous tenons à ce mot. Si l'Académie ne l'a pas fait, cela vient de ce que ses membres n'ont pu tomber d'acord et non de ce qu'un décret quelconque l'ait privée brusquement d'intervenir dans les questions ortografiques.

On aurait tort de croire que les programes des réformistes forment un bloc. Les adversaires de la réforme se laissent ordinairement hipnotiser par des programes, qui leur paraissent franchement jacobins, alors qu'aucun d'eus ne s'éloigne des principes apliqués par l'Académie française. La seule diférence, et nous reconaissons volontiers qu'èle est de taille, réside dans le fait que, depuis 1740 du moins, époque à laquèle 5000 mots sur 18.000 furent simplifiés, èle n'a fait que quelques légères retouches.

Les réformistes se targuent d'être des homes de bon sens, ils ne méprisent point la logique. Leurs prétentions s'acomodent avec les enseignements de l'histoire de l'ortografe, qui ont inspiré MM. Clédat, Meyer, Brunot.

L'Académie enregistre l'usage, èle ne le crée pas ; soit. L'usage — le bon — est-il de prononcer le *e* précédant *u* de *gageure ?* Si j'écrivais gajure come parjure, ofenserais-je la langue française plus que Voltaire lorsqu'il proposa la substitution de l'*a* à l'*o* dans les mots où l'*o* se prononçait a : il *était* au lieu de il *étoit ?*

Autre chose. Honeur, doner, n'ont qu'une *n* en latin ? Pour quèle raison en reçoivent-ils deus en français, leurs dérivés n'en prenant qu'une : honorable, donateur ?

M. Rossel s'incline avec déférence devant le témoignage de Marcelin Berthelot s'élevant contre la « formule artificièle », que les réformistes voudraient apliquer pour la réalisation de leurs désirs. Nous avons vu que cète « formule artificièle » est en réalité une formule empruntée à l'Académie française èle même et qu'èle ne renferme rien qui ne soit raisonable. M. Léon Clédat, de la Facultés des lètres de Lyon, a répondu à l'Aticle de Berthelot, dont les intentions étaient louables. Mais il en dit ceci :

« Tous les vieus arguments contre la réforme y sont repris, sans devenir meilleurs et l'on y retrouve la perpétuèle confusion de la langue et de l'ortografe, qui s'anonce dès ce titre : « Langue écrite », oposé à « langue parlée », n'a jamais signifié en bon français, que « langue litéraire ».

« La langue, expression de la pensée par la parole orale ou figurée, est absolument indépendante de sistèmes de signes qui peuvent être employés pour représenter les sons et l'on pourrait modifier tous les signes, changer radicalement le sistème sans que la langue parlée ou écrite subit la moindre ateinte ».

Espérons que l'ère des malentendus se fermera. En atendant que l'Académie et le ministre de l'Instruction publique se soient compris, les réformistes persévéreront dans leur ligne de conduite sans autre ambition que cèle de servir une cause aussi ingrate qu'intéressante.

(*Extrait du Réformiste*). L. MOGEON.

Le Réformiste en ortografe simplifiée, paraît chaque mois et poursuit : La simplification de l'ortografe, la supression des octrois, le relèvement de l'Agriculture, la décentralisation administrative, la création d'un foyer inaliénable pour chaque famille, et la participation du personnel aus bénéfices.

Il désire établir l'égalité et dégrever le nécessaire en grevant le superflu.

Bureaux, 63, boulevard Sébastopol, Paris.

—x—

Dufo, vétérinaire. — Animaux. Opérations de chargement et de déchargement. — Lorsque, en vertu des conditions d'un tarif spécial, les opérations de manutention incombent à l'expéditeur et au destinataire, la Compagnie de chemin de fer est tenue de fournir à ceux-ci un matériel suffisant et qui garantisse la sécurité des opérations. Si elle manque à cette obligation, elle engage sa responsabilité. (*C. Cass. civ.*, 7 mai 1907).

CAUSERIE DU DOCTEUR

Comment on doit boire l'eau. — Il est très sain de boire de l'eau, mais encore faut-il savoir choisir sa boisson :

« Ne se servir jamais d'eau de la veille et renouveler sans cesse à mesure des besoins. On ne le fait certes pas toujours. Il y a là une habitude dangereuse qu'il faut abandonner à tout prix.

« Jamais de vieille eau dans la carafe ! On pourrait presque dire qu'une très vieille eau est moins à redouter qu'une eau de 24 à 48 heures, parce que les microbes ayant absorbé tout ce que le liquide renferme de substances nutritives finissent par mourir d'inanition. Mais, même dans ce cas, si les microbes meurent, il reste leurs toxines, et il ne faut pas dédaigner les sécrétions microbiennes.

« Conclusions : toujours de l'eau fraîche !

Dr HENRI MERCIER.

Petite Correspondance

J. R. M. — Voici les formalités à remplir pour la constitution d'une Société anonyme.

I. — Rédiger les statuts.

II. — Faire souscrire intégralement le capital social.

III. — Faire verser en espèces par chaque actionnaire le quart de ses actions.

IV. — Faire une déclaration par les fondateurs, *devant notaire*, de la souscription intégrale du capital et du versement du quart sur chaque action souscrite : avec annexe à cet acte : 1°, d'une liste contenant les noms, prénoms, professions et demeures des souscripteurs, le nombre des actions souscrites et le montant des versements effectués par chacun d'eux ; 2° l'un des doubles de l'acte de société.

V. — Les associés doivent être 7 au minimum.

VI. — Postérieurement à l'acte qui constate la souscription du capital et le versement du quart des actions, les fondateurs doivent convoquer une première assemblée générale, pour vérifier la sincérité de la déclaration notariée qui lui est soumise avec les pièces à l'appui.

Cette assemblée, apprécie la valeur et la cause des avantages spéciaux réservés par les fondateurs, et nomme un ou plusieurs commissaires pour faire un rapport à la deuxième assemblée générale.

VII. — Une deuxième assemblée générale des actionnaires approuve les avantages, après un rapport *imprimé* et tenu à la disposition des actionnaires, 5 jours au moins avant la réunion de cette assemblée.

Cette assemblée nomme les administrateurs et les commissaires.

VIII. — Ces assemblées doivent être composées d'actionnaires représentant la moitié au moins du capital social :

Si le quorum n'est pas atteint, on convoque une nouvelle assemblée.

IX. — Les administrateurs ne peuvent être nommés pour plus de six ans ; s'ils sont nommés par les statuts avec stipulation que leur nomination ne sera pas soumise à la ratification de l'assemblée générale, ils ne peuvent être nommés pour plus de trois ans.

X. — La société est ensuite publiée dans le mois de sa date.

G. R. T. 325. — Presque toujours, dans les cessions de Fonds, les vendeurs et les intermédiaires qui négocient la vente, annoncent à l'acquéreur, des chiffres d'affaires et des bénéfices sensiblement exagérés.

Cette manœuvre dolosive expose ceux qui l'ont pratiquée à des poursuites judiciaires, ou tout au moins à un recours en garantie de la part de l'acquéreur. Voyez, à ce sujet, notre rédacteur, M. Guilbert.

Marion 126. — Soties. — Les soties, fort en vogue en notre pays, du XIVe au XVIe siècle, n'étaient, à vrai dire, que des farces dans lesquelles les personnages était tous supposés fous ; et l'on appelait *sots* les fous à cette époque.

A la scène ils portaient un costume spécial, mi-partie jaune et vert, et coiffaient un bonnet à longues oreilles.

Plusieurs sociétés s'étaient adonnées à ce genre de spectacles ; la plus renommée fut celle des *Enfants sans-souci* dont le chef s'appelait le prince des Sots. On cite également les *Clercs de la Basoche*, la *Cie des Sots.* Ces associations se composaient en grande partie d'écoliers et de clercs du Parlement qui se posaient en contradicteurs des *Confrères de la Passion*, Société formée par les bourgeois.

Ces derniers, en effet, représentaient exclusivement les Mystères et les Moralités, tandis que la jeunesse moqueuse répandait les farces et les soties.

Très surveillés par Louis XI et plus tard par François Ier qui ne supportaient pas facilement la critique, les auteurs et acteurs satiriques furent, au contraire, bien accueillis par Louis XII qui, au besoin, s'en servait contre ses adversaires. C'est pour lui que Gringoire écrivit, en 1512, contre le pape Jules II, la sotie intitulée : *le Prince des sots.*

Les gens de loi, les gens d'église, l'Université, la royauté même servirent de cible aux malicieux écrivains de la Renaissance. Ils firent tant et si bien que Henri IV, roi de bon caractère cependant, interdit la politique au théâtre.

B. C. 182. — En matière correctionnelle, comme en matière de simple police, le juge doit, à peine de nullité, faire connaître s'il acquitte pour des raisons de fait ou des raisons de droit. La Cour de cassation (10 mai 1889) a cassé un arrêt de Cour d'appel qui avait renvoyé le prévenu des poursuites en se bornant à déclarer que les faits n'étaient pas suffisamment justifiés. C'est absolument le cas que vous nous citez.

72608. Paris. — Tout Français décoré d'un ordre étranger doit, pour pouvoir en porter la décoration, demander et obtenir du grand-chancelier de la Légion d'honneur l'autorisation d'accepter et de porter celle-ci, et verser à la Caisse des Dépôts et Consignations à Paris, à celle du receveur des finances en province, les droits de chancellerie correspondant au grade conféré, soit : 100 francs pour une décoration portée à la boutonnière ; 150 francs autour du cou : 200 francs avec plaque ; 300 francs en écharpe. Quiconque ayant reçu un ordre étranger, n'a pas reçu l'autorisation de la chancellerie et n'a pas acquitté les droits serait condamné, s'il porte le ruban et la rosette de cet ordre, pour port illégal de décoration.

34418. Sarthe. — Il n'y a d'hypothèque conventionnelle valable que celle qui, soit dans le titre constitutif de la créance, soit dans un acte authentique postérieur, déclare spécialement la nature et la situation de chacun des immeubles actuellement appartenant au débiteur, sur lesquels il consent l'hypothèque de la créance. Chacun de tous ses biens présents peut être nominativement soumis à l'hypothèque. Les biens à venir ne peuvent pas être hypothéqués.

64336. Jura. — 1° Le second testament annule le premier. 2° *On ne peut léguer plus d'un tiers de ses biens*, quand on a deux enfants ; plus d'un quart, quand on a plus de deux enfants (art. 913, Code civil). 3° Les héritiers ou légataires de la mère peuvent réclamer ce qui lui appartient, mais non ce à quoi elle a renoncé. 4° Les dettes contractées par le mari sont des dettes de communauté. Les créanciers peuvent poursuivre sur la communauté, les biens propres du mari, les biens propres de la femme, sauf après la dissolution du mariage, si elle a renoncé à la communauté. Si elle l'accepte, elle n'est tenue que jusqu'à concurrence de ce qu'elle reçoit dans la communauté, à condition qu'elle ait fait inventaire.

66531. Algérie. — En droit pénal il y a 4 sortes de mandats : 1° Le mandat de comparution qui est un avis de comparaître librement à date indiquée devant le juge ayant ordonné le mandat. 2° Le mandat d'amener est l'ordre, donné par écrit signé du juge, à la force publique d'amener un inculpé, même par contrainte devant le magistrat qui veut l'interroger. 3° Le mandat de dépôt est signé après comparution et interrogatoire de l'accusé lorsque le juge estime devoir emprisonner celui qui est devant lui. 4° Le mandat d'arrêt est l'ordonnance délivrée par le juge sur conclusions à ce favorables du procureur de la République, il enjoint aux agents de la force publique d'arrêter et d'écrouer la personne y désignée laquelle a dû commettre un délit puni d'emprisonnement. (2°) à notre avis c'est l'arrêt d'appel qui doit être le jugement exécutoire.

59543. — Il n'est pas besoin qu'un étranger ait encouru une condamnation pour être expulsé. On peut le reconduire à la frontière, par simple mesure de police générale.

DE MALVÉZIE.

—x—

Mon cher Directeur : Quand on veut jouer le rôle dangereux de censeur on est tenu d'éviter soi-même la plus légère critique.

Dans les quelques réflexions que vous avez bien voulu soumettre aux lecteurs du *Conseiller*, je lis que c'est par *euphémisme* qu'on dit Puis-je, au lieu de Peux-je. Le mot exact est *euphonie ;* c'est celui que je croyais avir écrit.

L. LACAUCHIE.

BIBLIOGRAPHIE

L'art de se défendre dans la vie. — Causeries d'Avocat

Sous ce titre sans prétention, l'imprimerie du journal *Le Conseiller Judiciaire* publie un volume intéressant qui met à la portée de tout le monde les connaissances de *droit usuel* indispensables pour se tirer d'affaire au milieu des mille petits conflits dont nous sommes journellement tributaires.

Tribunaux, procédure, droit théâtral, accidents, assurances, contributions, locations, concierges et propriétaires, réparations locatives, hôteliers, voyageurs, domestiques, fournisseurs, etc.,

Autant de causeries dans lesquelles l'auteur comte Léon de Méritens, avocat, docteur en droit initie ses lecteurs *à la pratique de la jurisprudence.*

Tout cela en un style simple, agrémenté d'anecdotes qui distraient utilement de la sévérité du sujet.

1 volume 400 pages, prix 5 fr., vendu au journal *Le Conseiller Judiciaire*, n°, 32, rue de Berlin.

P.-S. — La première édition étant épuisée, nous prions les lecteurs qui ont bien voulu nous demander ce volume d'attendre quelques jours. La 2e édition est sous presse.

Les Droits de l'Etat sur les Successions

DROITS DE MUTATION

La loi du 25 février 1901. — Liquidation des droits. — Aujourd'hui, sous l'empire de cette nouvelle loi, les droits de mutation après décès sont dus, non comme auparavant sur *l'actif* brut de la succession, mais sur *l'actif net*, et sans adjonction de dixièmes. Les droits se calculent, non plus sur *la masse* de la succession, mais sur la *part nette recueillie* par chaque héritier.

On déduira donc les dettes, mais seulement celles dont les titres peuvent faire foi en justice contre le défunt, et qui seraient à sa charge lors de l'ouverture de sa succession.

Par titre, il faut entendre les actes authentiques, jugements, actes sous seing privé, billets à ordre, lettres de change, procès-verbaux de toute sorte dressés au cours d'une faillite ou d'une liquidation judiciaire, voire même les livres de commerce.

Si le titre était perdu, une copie collationnée suffirait.

Le déclarant devant joindre à sa déclaration un état détaillé des dettes déductibles sur papier libre.

S'agit-il de dettes résultant d'actes authentiques ou de jugements, on devra énoncer leur date, le nom du notaire qui les aura reçus, le siège du tribunal qui les aura rendus. Parfois, comme moyen de contrôle, on aura recours à l'affirmation du créancier : parfois on lui demandera communication de son titre.

S'agit-il de dettes commerciales, le déclarant peut être contraint de communiquer ses livres, non seulement au receveur d'enregistrement qui reçoit la déclaration, mais encore au contrôleur qui, pendant deux ans à partir du jour de la déclaration, aura le droit d'en prendre connaissance.

Certaines dettes, aux termes de cette loi, ne sont pas déductibles. Ce sont :

1° Celles échues depuis plus de trois mois avant l'ouverture de la succession, à moins qu'il ne soit présenté une attestation en certifiant l'existence à cette époque ;

2° Celles consenties par le défunt au profit de ses héritiers ou de personnes interposées ; néanmoins, lorsque la dette aura été constatée par acte authentique, elle pourra être admise en déduction du passif ; sauf le cas de fraude, bien entendu !

3° Celles qui sont échues et sont garanties par une inscription hypothécaire périmée depuis plus de trois mois.

Le conjoint survivant n'a pas le droit de réclamer sa part d'usufruit s'il a reçu du défunt des libéralités dont le montant atteint celui des droits que la loi attribue en usufruit ; si ce montant est inférieur, il peut réclamer le montant de son usufruit.

En cas de nouveau mariage, l'usufruit du conjoint survivant cesse s'il existe des descendants du défunt.

Le défunt peut enlever à son conjoint ce droit d'usufruit, soit en léguant tous ses biens à un enfant ou à un autre héritier, ou à un tiers, soit en le privant purement et simplement par un acte.

Quotité du droit d'usufruit. — En concours avec d'autres héritiers, le conjoint survivant a droit à l'usufruit dans les proportions suivantes :

Avec des enfants nés du mariage ou légitimés : Au quart, quel que soit le nombre des enfants.

Avec des enfants nés d'un premier lit : A une part d'enfant, sans que cette part puisse excéder un quart.

Exemple : S'il y a 1, 2 ou 3 enfants, l'époux survivant a droit à l'usufruit sur un quart ; à un sixième s'il y a cinq enfants, etc. L'époux survivant compte comme un autre enfant.

Avec des ascendants et collatéraux : A la moitié, quels que soient le nombre et la qualité des héritiers.

Le droit d'usufruit ne s'exerce pas sur la quotité que la loi attribue aux ascendants à titre de réserve et dont elle veut qu'ils conservent la pleine propriété. Ce droit ne porte donc que sur la quotité disponible.

Avec des enfants naturels en concours avec des ascendants du défunt ; avec des enfants naturels, ascendants et frères et sœurs du défunt : A une part qui varie selon le nombre des enfants naturels existants ; part supportée proportionnellement pas les enfants naturels et par les ascendants et collatéraux sur leur part héréditaire, sans que la réserve des ascendants puisse être entamée.

Renonciation. — L'époux survivant peut renoncer à son droit d'usufruit en en faisant la déclaration au greffe du tribunal du lieu de l'ouverture de la succession.

Les Commis-Voyageurs et les accidents du travail. — La question de savoir si un commis-voyageur, victime d'accident, peut invoquer le bénéfice de la loi du 12 avril 1906 étendant aux exploitations commerciales la loi du 9 avril 1898, est des plus délicates. Consulté par le *Moniteur du Commerce et de l'Industrie*, le directeur de l'Assurance au ministère du Travail, répondait, le 3 mai 1907, qu'il appartenait aux Tribunaux de résoudre la question. Néanmoins il estimait qu'il fallait distinguer entre les voyageurs, ceux qui recevaient d'un patron des appointements fixes et les voyageurs à la commission qui pouvaient représenter plusieurs maisons. Les premiers, liés par un contrat de travail à un chef d'entreprise, pouvaient seuls invoquer la loi du 12 avril 1906, non les autres.

Nous croyons qu'il faut s'attacher moins au mode de rétribution qu'au contrat de louage proprement dit. En effet, à la séance du Sénat du 10 avril 1906, le président de la Commission répondant à une question de M. Julien Goujon, disait : « Il est certain que les commis-voyageurs qui travaillent pour le compte d'une maison et qui sont liés, par conséquent, par un contrat de travail à un patron, bénéficient comme tous les autres employés ou ouvriers du commerce, de la loi du 9 avril 1898. — Quant aux autres, dont vient de parler M. Goujon, il a été le premier à reconnaître qu'ils étaient de petits entrepreneurs, et n'avaient pas droit au bénéfice de la loi. »

Au moment de mettre sous presse nous apprenons que le savant docteur hollandais, *M. Hartig*, vient de communiquer à l'Académie des Sciences sa découverte pour la guérison rationnelle de l'EPILEPSIE, considérée jusqu'ici comme incurable.

C'est une nouvelle d'importance. Nous en reparlerons.

Stoppages & Retissages

dans tous les
Tissus déchirés, brûlés
ou piqués aux vers

CLAVEQUIN père
7, rue de Rome, 5, boul Voltaire

CLAVEQUIN fils
12, rue de Châteaudun, 12
PARIS

Travail soigné à des prix modérés

La machine à écrire **UNDERWOLD** est la meilleure machine
36, Boulevard des Italiens, PARIS

Brevet d'invention à vendre pour la France

CORSET-CEINTURE

En tricot intercalé de fils de gomme
ÉLÉGANCE, LÉGÈRETÉ, SOUPLESSE, HYGIÈNE
Modèle déposé. — On peut avec ce tissus faire des Ceintures de toutes formes

S'adresser à Mlle **Elise THUILLARD,** corsetière, Cale-Rivaradeira, 1445, à **BUENOS-AYRES** (République Argentine), ou au journal *Le Conseiller Judiciaire.*

TARIF DE PUBLICITÉ DU « CONSEILLER JUDICIAIRE »

	TROIS MOIS	SIX MOIS	UN AN
Page entière	65 fr.	125 fr.	200 fr.
1/2 page	35 »	65 »	125 »
1/4 —	20 »	35 »	65 »
1/8 —	15 »	20 »	35 »
1/16 —	10 »	15 »	20 »
1/32 —	6 »	10 »	15 »

La ligne fin de page .... 1 fr. 50 | La ligne-réclame dans le texte.... 1 fr.

Compagnie Générale DES VOITURES A PARIS
1, pl. du Théâtre-Français
Téléphone 238-81
Location de voitures
hippomobiles et automobiles
Confort, Elégance, Rapidité

Mme MONGOUGNON
Robes de lingerie
BLOUSES
POUR DAMES & ENFANTS
9, Rue de l'Avenir,
près la Gare, **ASNIÈRES**
TÉLÉPHONE 365

ECOLE D'ÉQUITATION
et de Dressage
Manège CHAPTAL
PIERREL, Directeur
23, rue Chaptal, 23
PARIS
Téléphone 112-50

WEIL
Tailleur
58, Rue Lafayette, 58
PARIS
Téléphone 184-09

LES MEILLEURES CONSERVES ALIMENTAIRES
sont faites par
L.-A. PRICE
Usines à **BORDEAUX,** 229, Cours de Bayonne
et à **BRÉTIGNY-SUR-ORGE** (S.-et-O.) près Paris

LES FLEURS DE THÉ
EXQUISE BOISSON
Le paquet 1 k°, **10 fr.** ; Le paquet 500 gr., **5 fr.**
Le paquet essai, **3 fr.**
Ecrire à **M. Victor FIÉVET,** *Planteur*
46, Faubourg du Temple, **PARIS**

WALDBERG & C° L^td Téléph. 667-72
14-16, Rue Duret, PARIS
« **PERSELS** » Nickelage inoxydable, supprime avivage. — « **CYPRANIT** » Dégraissage et Cuivrage simultanés. — « **CÉAZIT** » Bain de laiton, forte épaisseur, « Simili Plaqué ».
GRAND ATELIER DE DÉMONSTRATION

Miroiterie en gros - Vitraux d'art
DORURE
VITRERIE - INSTALLATIONS DE MAGASINS
E. HENRY & Cie
Tél. 426-84 217, *rue Lafayette* Tél. 426-84

Cours SOYER

8 bis, Avenue Henri-Martin

à NANTERRE (Seine)

PROGRAMME DES COURS

Cours élémentaire (Solfège et Piano). Le Jeudi de 10 h. à midi.	10 fr. par mois	
Cours supérieur (Solfège et Piano). Le Dimanche de 10 h. à midi.	15	—
Harmonie, Fugue, Contre-point, etc. Le Jeudi de 6 h. à 7 h. du soir.	20	—
Chant. Le Jeudi de 10 h. à midi.	15	—
Contrebasse et Violoncelle. Le Jeudi de 4 à 6 heures.	15	—

Cours spécial, de 2 heures à 4 heures

LE COURRIER DE LA PRESSE

A. GALLOIS & CH. DEMOGEOT

21, Boulevard Montmartre — PARIS

Fournit coupures de Journaux et Revues sur tous sujets et personnalités

Le Théâtre des **FANTAISIES-PARISIENNES** malgré la modicité de ses prix, ne recule devant aucun sacrifice pour demeurer une scène de premier ordre. Le soin avec lequel la direction a choisi sa troupe promet aux spectateurs des soirées pleines de charme, car en plus des œuvres données chaque semaine et puisées dans les meilleures du répertoire, les dernières créations des boulevards sont présentées. La bonbonnière de la **Rue Fontaine** continue d'être le Théâtre de bon ton et de bon renom où l'on aime à se retrouver. Directr M. BUSSAC.

Il faut voir les attractions de l'Alcazar d'Été et des Ambassadeurs

Demandez les Prix de l'Imprimerie PERRETTE, 5, cours Jourdan, Limoges (Hte-Vienne)

1re MARQUE

HAMMERLESS BROWNING

Poids 200 grammes

ÉPROUVÉ AU BANC D'ÉPREUVE

FRANCO : 28 FRANCS

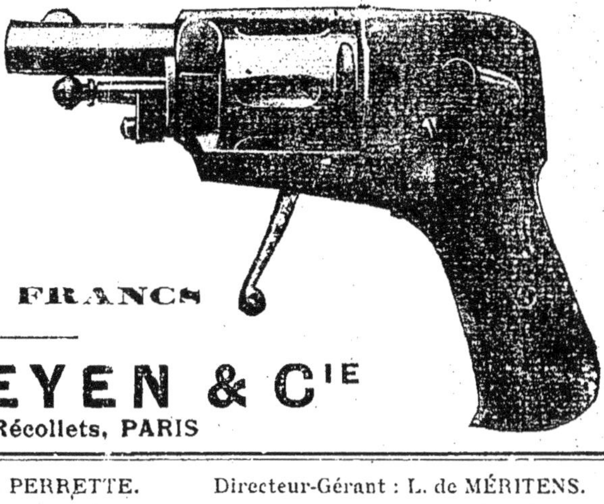

P. VERDEYEN & Cie

7, Rue des Récollets, PARIS

Le Numéro
75 c

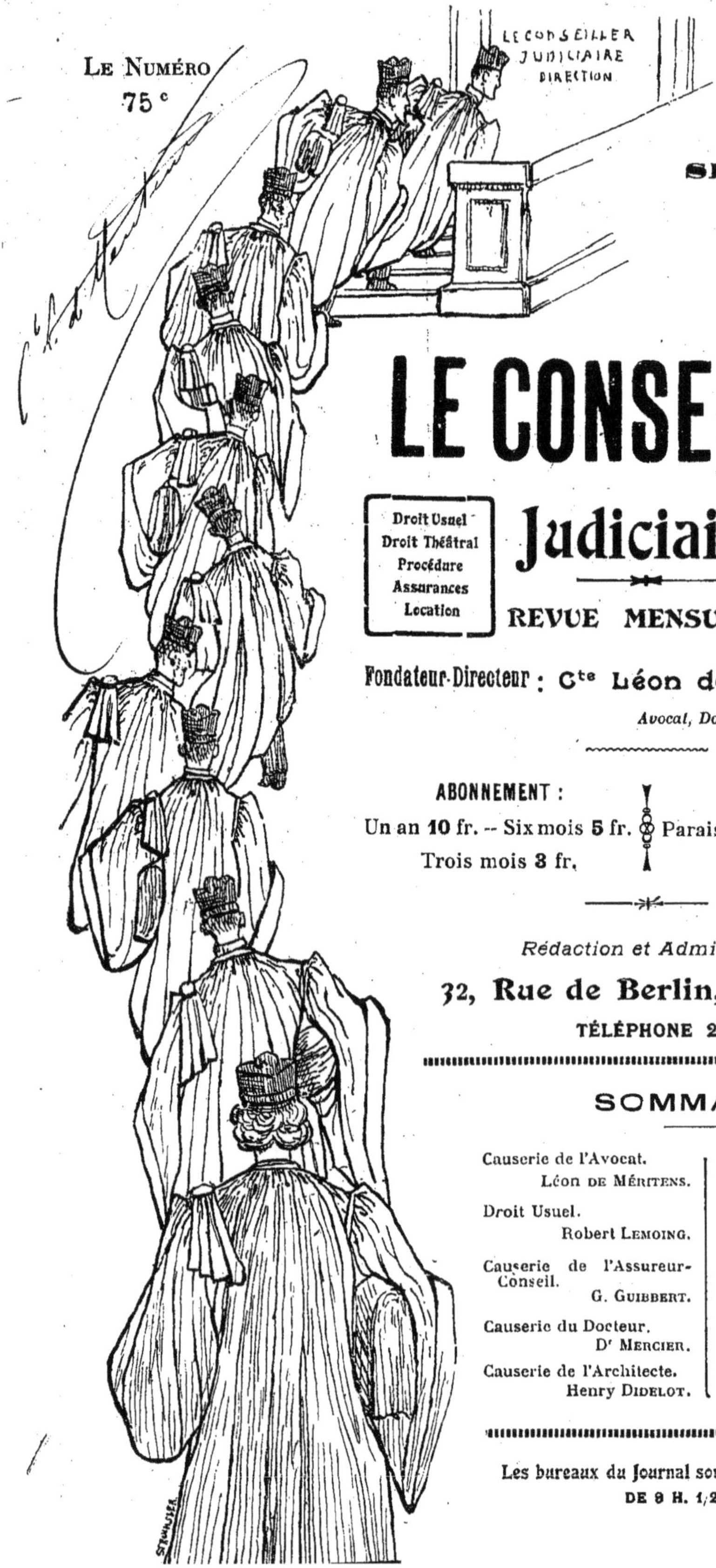

Cinquième Année

SEPTEMBRE
1909

LE CONSEILLER Judiciaire

Droit Usuel
Droit Théâtral
Procédure
Assurances
Location

REVUE MENSUELLE

Droit Administratif
Droit Commercial
Architecture

Fondateur-Directeur : Cte Léon de MÉRITENS
Avocat, Docteur en Droit

ABONNEMENT :
Un an 10 fr. -- Six mois 5 fr.
Trois mois 3 fr.

REVUE
Paraissant le 1er de chaque mois.

Rédaction et Administration :

32, Rue de Berlin, PARIS (8e)

TÉLÉPHONE 298-08

SOMMAIRE :

Les bureaux du Journal sont ouverts tous les jours
DE 9 H. 1/2 A MIDI

JEAN SPINNLER
110, Rue Réaumur
Soies, Imitations Soies, Cotons
Agent général de Jos. BARLET et Cie
à SAINT-ETIENNE

PHOTOGRAPHIE SARTONY
Ateliers au rez-de-chaussée — Sans succursale
PARIS — *16, Rue Duphot* — **PARIS**
Ne pas confondre avec la maison de la rue Lafayette.

COURS CŒCILIA
Dirigé par **Mme HO[illegible]R FOURNIER,** *des Concerts Colonne, Lamoureux et de la Société des Concerts du Conservatoire. Lauréat du Conservatoire, Officier d'Académie.* — Solfège, chant, piano, violon, violoncelle, mandoline.
Inscription le vendredi, de 4 à 7 heures
118, Rue Réaumur

OXYGÉNÉE VERTE CUSENIER
DANS TOUS LES CAFÉS
EXIGER LA BOUTEILLE

MANUFACTURE FRANÇAISE
d'Articles de Sports de CHATELLERAULT

1000 VELOS roue libre, frein, garde-boue, sacoche, **Pneus MICHELIN**
130 fr. au lieu de **250** fr. Catalogue gratis

PÉKING KONGSZE
Salon de Pédicure par artistes chinois des Bains impériaux de Péking
15, rue de la Paix, PARIS

Voulez-vous entendre à domicile les auditions mêmes de l'Opéra, de l'Opéra-Comique et des principaux théâtres de Paris ?
Adressez-vous à la COMPAGNIE DU THÉATROPHONE,
éléph. 101-08 — *23, Rue Louis-Legrand,* PARIS — Téléph. 101-08

Ondulations, Postiches, Teintures, **Jules DESFRAY,** 52, rue d'Amsterdam, PARIS

CINQUIÈME ANNÉE SEPTEMBRE 1909

LE CONSEILLER JUDICIAIRE

REVUE MENSUELLE

Droit Usuel, Droit, Droit Théâtral, Procédure, Location, Droit Administratif, Droit Commercial

RÉDACTION & ADMINISTRATION : *32, rue de Berlin, PARIS (VIIIe) - Téléph. 298-08*

CAUSERIE DE L'AVOCAT

LES VALEURS A LOTS ET LES LOTERIES

Les valeurs à lots, en France, constituent une véritable *Loterie nationale*, avec cet avantage considérable que le paiement des lots est garanti par l'Etat, qu'elles conservent toujours leur valeur et donnent à leurs acheteurs la certitude d'être remboursés, tôt ou tard, d'une somme supérieure à celle qu'il leur a fallu pour les acheter.

Quand vous achetez un billet de loterie, soit un franc, soit vingt francs, peu importe, vous participez aux chances d'un seul tirage, mais si votre numéro ne sort pas, vous perdez purement et simplement votre argent ; votre billet ne signifie plus rien...

Quand vous achetez, au contraire, des Valeurs à lots, Ville de Paris, Crédit Foncier, Congo, Bons Panama, etc., vous participez, tout comme avec le billet de Loterie ordinaire, aux *multiples tirages des Lots*, mais si votre numéro ne sort pas, vous ne perdez rien de l'argent que vous avez déboursé. Non seulement votre titre conserve sa valeur après chaque tirage, mais encore il vous donne droit à *plusieurs tirages par an*, comportant *tous* des gros lots.

LOTERIES

C'est une émission de billets auxquels il est donné une valeur fictive. L'ensemble des billets d'une loterie doit fournir un capital plus ou moins élevé suivant le but de la loterie.

Si nous prenons comme exemple une loterie fondée dans le but de construire un musée, le capital de la loterie sera sensiblement égal à celui des dépenses prévues pour la construction de l'immeuble dont nous causons. Le capital nécessaire est toujours majoré de la totalité des lots qui doivent être offerts au public.

Il résulte donc qu'une loterie à très fort capital ne peut donner que des lots très restreints. Les lots sont un *appât*. Le capital recueilli par la vente des billets créés sert à construire le musée, l'école, ou à doter un établissement charitable quelconque.

VALEURS A LOTS

Les valeurs à lots sont d'un autre genre. Leur capital sert à créer des travaux d'utilité publique, à construire des chemins de fer, des canaux, en un mot, toutes choses d'un rendement certain, la plupart donnant un revenu annuel. D'autres sont sans revenu, mais remboursables dans un délai plus ou moins éloigné avec une grosse plus-value.

La différence essentielle qui existe entre la Loterie proprement dite, telle qu'elle se pratique, et les valeurs à lots telles qu'elles sont émises en notre pays, consiste, en ce que le capital de la Loterie est perdu pour le souscripteur qui n'en récolte qu'une minime partie sous forme de lots.

Dans la Valeur à lots, au contraire, le capital ne s'annihile point : souvent il rapporte un intérêt, et il est remboursé à un moment donné avec une majoration plus ou moins importante.

La vraie Loterie raisonnable consiste en l'achat de petites Valeurs à lots. Vous avez à la fois votre argent par la valeur des titres et des chances de lots durables et sérieuses.

—×—

Combien de rêves, combien de beaux projets, mais aussi combien de déceptions n'a pas occasionné l'espoir des gros lots !

Que de superstitions attachant à tel ou tel numéro la certitude du gain ! Deux histoires sur ce dernier chapitre.

La première nous vient d'Allemagne. Elle est d'une naïve simplicité et bien dans les mœurs de ce pays des brumeuses légendes.

Dans un bureau de vente de billets de loteries, le tenancier voyait, à chaque tirage, une bonne vieille apparaître, avec qui, invariablement, la même conversation s'engageait :

« — Je viens voir si j'ai gagné le gros lot.

— Quel numéro avez-vous ?

— Je n'en ai pas... Mais cela ne fait rien, je dois gagner tout de même ; la tireuse de cartes l'a vu dans mon jeu et aussi dans le marc de café ! »

Vers la quinzième visite, et après maints quolibets auxquels l'entêtée visiteuse restait toujours indifférente, cette inlassable confiance suggéra au chef de l'agence une idée compatissante.

Il acheta un billet pour la bonne vieille, et au tirage suivant, ce fut, coïncidence étrange, le numéro de ce billet qui sortit pour le gros lot.

Lorsqu'elle empocha la forte somme, l'heureuse gagnante, nullement émue, disait simplement en dodelinant de la tête : « Je le savais bien que je gagnerais ».

L'autre histoire est plus sémillante et nous arrive du charmant pays d'Espagne. L'auteur, Mme Emilia Pardo Bazan, — adaptation par Mlle Marie C. de Latour, professeur d'espagnol.

LE GAGNANT

L'histoire de mon mariage ?... Elle n'est pas banale ; écoutez-la.

Une pauvre gamine décharnée, les cheveux en désordre, les vêtements misérables, me vendit un billet de loterie, un soir, très tard, à la porte d'un café. Pris de pitié, je le lui payai le double de sa valeur, et la pauvrette me remercia de ma largesse par un gentil sourire.

— C'est le bon numéro que vous emportez là, Monsieur, affirma-t-elle en riant.

— En es-tu sûre ? lui demandai-je, pendant que je glissais le billet dans la poche de mon pardessus et que j'en remontais le col pour me préserver des rigueurs de décembre.

— Si j'en suis sûre ? Je vous écoute ! Même que si vous emportez ce billet, c'est bien parce que je ne peux pas me le payer ; vous verrez, c'est le numéro 1420... juste mon âge ! J'ai aujourd'hui 14 ans et 20 jours. Il m'aurait porté chance, allez !...

— Eh bien ! mon enfant, lui dis-je, en faisant le généreux, et avec l'assurance du joueur qui se sait malchanceux, sois tranquille, si je gagne, nous partageons ; tu en auras la moitié.

Une joie folle éclaira le visage anémié de la gamine, et avec la plus grande conviction, elle s'accrocha à la manche de mon vêtement en s'écriant :

— Oh ! monsieur, pour l'amour de votre père et de votre mère, donnez-moi votre nom et votre adresse, je suis sûre que d'ici quatre jours nous gagnerons.

Un tantinet repentant déjà, je lui indiquai où j'habitais, et dix minutes plus tard, marchant d'un bon pas, longeant les rues, je rentrais chez moi sans me souvenir de l'incident.

Quatre jours après étant encore au lit, j'entends un matin vendre la liste des numéros gagnants ; j'expédie mon domestique qui l'achète et dès qu'il me la remet, mes yeux rencontrent le numéro du gros lot. Je crus rêver, je ne rêvais pas : c'était parfaitement bien le 1420, le numéro de mon billet, l'âge de la petite marchande, la chance pour elle et pour moi ! j'eus un éblouissement ; je voulus me lever, mes jambes fléchissaient, une sueur glacée mouillait mes tempes. Mais rendez-moi justice ; pas un instant je ne regrettai ma promesse ; la gamine m'avait porté chance, c'était une association où je figurais comme l'associé capitaliste, rien de plus juste que de partager les bénéfices.

Je sentis immédiatement le désir de tenir entre mes doigts le bienheureux petit papier. Je l'avais serré dans la poche extérieure du pardessus pour m'éviter de le déboutonner. Où est mon pardessus ?... Ah ! je le vois accroché là... Allons voir... Je tâte par ici, je fouille par là, je le tourne, je le retourne, pas trace du billet !...

Furieux, j'appelle mon domestique et je lui demande s'il a secoué mon pardessus par la fenêtre ; il me répond qu'en effet il l'a secoué et battu et brossé, mais que rien n'est tombé des poches, absolument rien... Je le regarde face à face : son visage reflète la vérité et l'honnêteté ; depuis cinq ans qu'il est à mon service, je ne l'ai jamais pris en défaut. Je rougis des idées qui me viennent, des menaces, injures, atrocités qui me montent aux lèvres.

Navré, désespéré, j'allume ma bougie, je fouille les coins, je vide les armoires, je passe en revue la corbeille aux vieux papiers, j'interroge la boîte à ordures... rien, et toujours rien ! Je suis là, seul avec la fièvre de mes mains, la sécheresse de ma bouche devenue amère, et la rage au cœur

Dans l'après-midi, comme je venais de m'étendre sur un divan pour fumer et essayer de me faire à la terrible déception, j'entends à ma porte un coup de sonnette vibrant et fort, et aussitôt le bruit d'une discussion, les protestations de quelqu'un qui s'entête à entrer, et au même instant, je vois devant moi la petite marchande de billets qui se précipite dans mes bras, criant à travers ses larmes :

— Monsieur, monsieur, vous voyez bien que nous l'avons gagné le gros lot !

Malheureux que je suis ! Je croyais avoir passé le plus gros de ma peine, et il me manquait encore cette cruelle, cette affreuse passe. Etre obligé de dire, en tremblant comme un criminel, que j'avais égaré le billet, que je ne pouvais le retrouver nulle part, et que par conséquent, elle n'avait rien à attendre de moi, la pauvre enfant dont je redoutais les beaux yeux noirs, tant je craignais de voir briller en eux, comme un éclair, le doute et la méfiance la plus infamante.

Mais la fillette les leva vers moi, encore tout humides de larmes, me regarda avec calme, et haussant les épaules, dans un geste résigné et lent :

— Eh bien ! que voulez-vous, monsieur, c'est la volonté de la Sainte Vierge ; cela prouve que ni vous ni moi, nous n'étions nés pour faire des *richards*.

Comment pouvais-je récompenser la confiance de cette pauvre créature si désintéressée ? Comment l'indemniser de ce que je lui devais — oui, de ce que je lui devais ?... Mes remords et la conscience de ma grave responsabilité pesaient si lourdement en ma pensée que je la fis venir chez moi, je m'en occupai, la protégeant, l'élevant et finalement je l'épousai.

Et le plus drôle de cette histoire, c'est que j'ai été parfaitement heureux.

—x—

N'allez pas conclure, de ces deux anecdotes que je vous conseille d'acheter des billets de loteries ; ce serait lâcher la proie pour l'ombre : pour un heureux, combien de déçus !

Il y a d'autres manières de placer son argent : par exemple, en *obligations* ou en *actions*, c'est-à-dire en valeurs fixes, ou en valeurs rapportant des revenus indéterminés. C'est la première notion du métier de capitaliste et tout le monde la connaît ou est censé la connaître : Tout titre dont le revenu est fixe est une *obligation.* Les rentes d'Etat sont représentées par des *obligations ;* les Bons du Trésor sont des *obligations,* et toute obligation constitue une dette d'un Etat, d'une ville, d'un département, d'une Société, ou d'une personnalité légale quelconque, qui s'est obligée vis-à-vis de son prêteur à un intérêt déterminé payable à des époques fixes, garanties d'une façon que l'énoncé de l'obligation lui-même détermine, et dont le non-paiement entraîne la faillite de l'emprunteur.

L'*action*, au contraire, représente une part de propriété.

La constitution de toutes les entreprises en Sociétés anonymes ou en nom collectif par actions a été la transformation des fortunes privées. Auparavant, une entreprise commerciale, industrielle ou autre, était possédée par une ou plusieurs personnes associées et désignées ; depuis la création des Sociétés anonymes, la propriété de toutes sortes d'entreprises a pu être divisée en parts excessivement minimes répandues dans tous les portefeuilles ; ce sont les actions. Il y a de nombreuses actions de mines dont le capital nominal représente 50 centimes.

Quand le capitaliste place son argent en *obligations*, il n'a guère à s'inquiéter que de deux choses : l'importance de l'intérêt et la valeur des garanties qui lui assurent le paiement de cet intérêt.

Quand il le place en *actions, il lui faut étudier avec le plus grand soin toute l'entreprise dont cette action représente une petite partie.* Il va devenir propriétaire, *il faut qu'il sache exactement ce que vaut la propriété dont il achète une parcelle.* On sent combien cette évaluation est souvent difficile, non seulement parce que l'objet lui-même de la propriété est difficilement appréciable, mais parce que la manière dont a été constituée la Société anonyme peut influer énormément sur la valeur de l'action. Aujourd'hui, surtout, les à-côtés d'une affaire sont souvent aussi importants que l'affaire elle-même.

Je dois toutefois faire remarquer que si l'action comporte plus de risques que l'obligation, elle comporte aussi des chances plus grandes de bénéfices.

L'obligataire ne touche que ses revenus et son bénéfice ne peut se composer que de la hausse de son titre et de la prime de remboursement.

L'actionnaire risque de ne toucher aucun intérêt mais il peut, si l'affaire devient prospère, toucher des dividendes très importants. Il risque aussi de perdre son capital..

En cette matière comme pour les billets de loterie je me garderai bien de donner des conseils et j'engage mes lecteurs à méditer le proverbe, qui est la sagesse des nations : « Les conseilleurs ne sont pas les payeurs. »

Certes les titres de l'Etat français, des grandes Villes de France, de nos grandes compagnies de chemins de fer, Banque de France, Crédit Foncier et d'importantes compagnies et sociétés sont de tout repos ; mais il ne m'appartient pas d'en parler autrement qu'à titre de renseignement.

LÉON DE MÉRITENS.

DROIT USUEL

DE LA COMPENSATION

La compensation est l'extinction de deux dettes qui se produit, lorsque deux personnes se trouvent débitrices l'une envers l'autre. Elle s'opère de *plein droit*, par la seule force de la loi, même à l'insu des débiteurs. Les deux dettes s'éteignent réciproquement, à l'instant où elles se trouvent exister à la fois, jusqu'à concurrence de leurs quotités respectives. La compensation est donc un paiement fictif qui libère le débiteur, comme le libérerait un paiement réel ou en espèces. Mais elle n'a lieu qu'entre deux dettes qui ont également pour objet une somme d'argent, ou une certaine quantité de choses fongibles de la même espèce, et qui sont également liquides et exigibles. Dans cette situation, un paiement effectif réalisé des deux côtés serait sans utilité et donnerait lieu, en pure perte, à des frais de déplacement d'espèces monétaires ou de marchandises et de denrées, (les prestations en grains ou denrées, non contestées et dont le prix est réglé par les mercuriales, peuvent se compenser avec des sommes liquides et exigibles). Par l'effet de la compensation, chaque débiteur est libéré, soit intégralement, si les dettes sont égales, soit jusqu'à concurrence de la plus faible des deux, si elles sont de sommes ou de quantités inégales.

La compensation a lieu, quelles que soient les causes de l'une ou l'autre des dettes, excepté dans le cas : 1° De la demande en restitution d'une chose dont le propriétaire a été injustement dépouillé ; 2° dans celui de la demande en restitution d'un dépôt et du prêt à usage ; 3° dans celui d'une dette qui a pour cause des aliments déclarés insaisissables.

La caution peut opposer la compensation de ce que le créancier doit au débiteur principal, mais le débiteur principal ne peut opposer la compensation de ce que le créancier doit à la caution ; autrement, la caution serait obligée d'avancer le montant de la somme due par le débiteur principal. — Le débiteur solidaire ne peut opposer la compensation de ce que le créancier doit à son co-débiteur.

Ajoutons enfin que la compensation *facultative* est celle qui s'accomplit par la volonté de l'une des parties, en l'absence d'une des conditions ordinaires. La compensation *judiciaire* est celle qui peut être opérée par le juge sur la demande reconventionnelle de la partie dont la créance ne réunit pas encore les conditions de la compensation légale.

ROBERT LEMOING.

Causerie de l'Assureur-Conseil

RENTE VIAGÈRE

Le développement qu'a pris la Rente Viagère est, en réalité, surtout dû aux nombreux et intéressants besoins auxquels elle répond de notre temps.

On peut dire sans exagération, pour peu qu'on ait analysé les services qu'elle rend dans tous les milieux sociaux, que la Rente Viagère est devenue d'une nécessité courante.

Sans le contrat de Rente Viagère, réduit bien entendu aux besoins qu'il vise, que deviendraient les négociants, les industriels, les employés de tout ordre qui, parvenus à un certain âge, et ne recevant plus le prix d'un labeur que leur âge ne leur permet pas désormais d'accomplir, ne trouvent plus, dans les revenus surbaissés de leurs épargnes, des ressources assez grandes pour vivre dans leur aisance habituelle ? — Ils seraient bien obligés de s'adresser à leurs enfants et de leur être à charge, ou de liquider peu à peu leur avoir et de risquer ainsi l'insécurité de leur vieillesse !

Que gagneraient à cette liquidation leurs enfants ? L'héritage de leurs parents appauvris serait-il plus important ? Et lesquels d'entre eux oseraient réclamer une portion de leur capital aliéné par nécessité ? — Par le contrat de Rente Viagère, ils sont eux-mêmes déchargés de toute préoccupation vis-à-vis de ceux qui les ont aimés, élevés et placés en bon rang dans la société ; ce contrat n'a fait que consolider en somme leur héritage, et il a conservé à la famille cette considération qui, demain comme hier, s'attachera toujours au maintien de la situation matérielle acquise.

Sans un contrat de Rente Viagère sagement mesuré, que feraient ces travailleurs économes qui, après toute une existence de labeur, lorsqu'ils comptaient sur un revenu de leurs petits capitaux assez important pour vivre modestement, se trouvent, à l'heure de la retraite, en face d'une dépréciation telle du taux de leurs épargnes qu'ils n'ont plus de quoi pourvoir aux nécessités de leur existence ? — Devraient-ils demander à leurs enfants — s'ils en avaient — un peu de ce bien-être que ceux-ci ont tant de peine à gagner au début de la vie ?

Qui voudrait soutenir que la morale saine, fortifiante, rationnelle, n'est pas en faveur du contrat de Rente Viagère, souscrit avec mesure et dans des limites telles que le capital aliéné ne soit jamais que *la part du feu ?* — Et nous n'avons parlé jusqu'ici que des situations impliquant la nécessité du placement viager avec la préoccupation constante des descendants, des héritiers directs ou intéressants.

Mais il est, de par le monde, des époux sans enfants, des célibataires sans neveux qu'ils affectionnent. Ceux-là n'ont pas le devoir de thésauriser, de constituer des héritages à des parents parfois plus riches qu'eux-mêmes et dont ils n'ont pas à ménager les intérêts. Est-il pour eux un moyen, plus commode que le contrat de Rente Viagère, d'être délivré de tout souci et de toute inquiétude pour l'avenir ?

Enfin, c'est la Rente Viagère que réclament avec tant d'insistance des Pouvoirs publics les travailleurs manuels de tout ordre, et les partis politiques, — de quelque opinion qu'ils se réclament, — en reconnaissent tellement la nécessité qu'ils seraient tous désireux d'en organiser en France un fonctionnement aussi large que possible.

RENTES VIAGÈRES IMMÉDIATES SUR UNE TÊTE

C'est la forme la plus simple du contrat de Rente Viagère : La Compagnie choisie s'engage, en échange d'un capital qu'elle reçoit, et qui, de convention, prend le nom de *Capital constitutif*, à servir une Rente dont la jouissance part du jour de la signature du contrat et se prolonge jusqu'au décès de la personne sur la tête de laquelle elle repose.

C'est, en général, la personne qui doit jouir de la Rente qui verse de ses deniers son capital constitutif. Elle est alors contractante et rentière à la fois.

Mais toute Rente Viagère peut être contractée par une personne autre que celle sur la tête de laquelle repose la Rente.

Le contrat de Rente Viagère immédiate sollicite aujourd'hui, plus qu'à aucune autre époque, les célibataires des deux sexes, les veufs sans enfants, les personnes vivant isolées, sans famille...

Parvenus à un certain âge, éprouvés par des revers, victimes de mauvais ou médiocres placements, ils se voient obligés de demander, jusqu'à la fin de leur vie, aux capitaux insuffisants dont ils disposent encore, le revenu le plus gros possible, sauf à abandonner ces capitaux, dès leur décès, aux mains qui leur offriront ces revenus exhaussés. La Rente Viagère immédiate répond admirablement à ce désir : elle répartit aussitôt conclue et également sur toutes les années que le rentier vivra (théoriquement et suivant la mortalité des personnes de son âge), la valeur intégrale des capitaux qui l'ont constituée, intérêts compris au taux des bonnes valeurs ; elle assure réellement au rentier le versement de cette répartition théorique jusqu'à son décès, à quelque époque qu'il survienne ; elle donne en un mot au rentier la jouissance la plus complète possible de ses capitaux ; elle le garantit contre toute perte éventuelle ou toute baisse de revenus ; elle lui enlève toute tentation de spéculation et lui permet de compter désormais sur des revenus constants et déterminés.

Voici un extrait des tarifs de cette combinaison :

RENTES VIAGÈRES IMMÉDIATES SUR UNE TÊTE

Rentes correspondant à un versement de 100 fr.

et prix de 100 fr. de Rentes (*sans arrérages au décès*)

AGE du rentier	RENTES PAYABLES PAR				AGE du rentier	RENTES pAYABES PAR			
	TRIMESTRES		SEMESTRES			TRIMESTRES		SEMESTRES	
	Rente annuelle p. 100 fr. versés	Prix de 100 fr. de rente	Rente annuelle p. 100 fr. versés	Prix de 100 fr. de rente		Rente annuelle p. 100 fr. versés	Prix de 100 fr. de rente	Rente annuelle p. 100 fr. versés	Prix de 100 fr. de rente
ans	fr. c.	fr. c.	fr. c.	fr. c.	ans	fr. c.	fr. c.	fr. c.	fr. c.
41	5 42	1.845 05	5 46	1.831 52	61	8 65	1.155 38	8 76	1.141 85
42	5 51	1 816 20	5 55	1.802 67	62	8 95	1.116 88	9 06	1.103 35
43	5 60	1.786 65	5 64	1.773 12	63	9 27	1.078 35	9 39	1.064 82
44	5 6J	1.756 41	5 74	1.742 88	64	9 62	1.039 83	9 74	1.026 30
45	5 80	1 725 48	5 84	1.711 95	65	9 99	1.001 41	10 12	987 88
46	5 90	1.693 88	5 95	1.680 35	66	10 37	964 68	10 51	951 15
47	6 02	1.661 62	6 07	1.648 09	67	10 73	931 55	10 89	918 02
48	6 14	1 628 72	6 19	1.615 19	68	11 10	901 27	11 26	887 74
49	6 27	1.595 20	6 32	1.581 67	69	11 45	873 47	11 63	859 94
50	6 41	1.561 06	6 46	1 547 53	70	11 79	848 46	11 98	834 93
51	6 55	1.526 36	6 61	1 512 83	71	12 11	825 49	12 32	811 96
52	6 71	1.491 12	6 77	1.477 59	72	12 42	804 90	12 64	791 37
53	6 87	1.455 34	6 94	1.441 81	73	12 72	786 27	12 94	772 74
54	7 05	1.419 09	7 11	1.405 56	74	13 »	769 26	13 23	755 73
55	7 23	1.382 39	7 31	1.368 86	75	13 26	754 13	13 50	740 60
56	7 43	1.345 30	7 51	1.331 77	76	13 50	740 55	13 75	727 02
57	7 65	1.307 83	7 73	1.294 30	77	13 73	728 11	13 99	714 58
58	7 87	1 270 06	7 96	1.256 63	78	13 94	817 16	14 21	703 63
59	8 12	1.232 03	8 21	1.218 50	79	14 13	707 67	14 41	694 14
60	8 38	1.193 78	8 47	1.180 25	80	14 31	698 95	14 59	685 42

NOTA — Ce tarif indique seulement le taux des rentes payables par trimestres et par semestres, parce que ce sont les modes de paiement qui ont la préférence du public. Mais il est facile, au moyen de ce même tarif, de calculer le prix d'une Rente de 100 francs payable annuellement. Il suffit pour cela de retrancher, quel que soit l'âge du rentier, 27 fr. 07 du prix de 100 francs de Rente payable par semestres.

GUSTAVE GUIBBERT.

—×—

S. S. — *Des Syndicats de garantie.* — On nous demande souvent s'il est préférable de s'assurer pour les accidents du travail à un syndicat de garantie plutôt qu'à toute autre société. Nous répondons que l'inconvénient de ces Syndicats consiste dans la *solidarité* qui lie les adhérents pour le paiement des sinistres (art. 24, L. 9 avril 1898). De ce fait, il en peut résulter des rappels de cotisations susceptibles de s'élever à des proportions considérables, comme cela s'est déjà vu.

CAUSERIE DU DOCTEUR

LES PLANTES QUI CALMENT LA TOUX

Nombreuses sont les plantes qui sont capables de calmer la toux. On les appelle *béchiques*, à cause de cette propriété. Voici quelles sont celles qu'on emploie d'ordinaire et leur mode de préparation :

Racine de *réglisse*, en infusion, 15 à 60 gr. pour un litre d'eau.
Feuilles du *pas-d'âne*, en infusion, 10 gr. pour un litre d'eau.
Fleurs de la *guimauve*, en infusion, 20 gr. pour un litre d'eau.
Pétales de *coquelicot*, en infusion, 5 à 10 gr. pour un litre d'eau.
Fleurs d'*hysope*, en infusion, 10 grammes pour un litre d'eau.
Fleurs de *mauve*, en infusion, 10 grammes pour un litre d'eau.
Fleurs de *mélilot*, en infusion, 10 grammes pour un litre d'eau.
Fleurs de *bouillon blanc*, en infusion, 20 grammes pour un litre d'eau.
Fleurs de *violette*, 15 grammes pour un litre d'eau.
Bourgeons de *sapin*, en infusion, 20 gr. pour un litre d'eau.
Fruits du *dattier*, en infusion, 50 grammes pour un litre d'eau.

On peut faire une excellente tisane composée avec : fleurs de mauve, pied-de-chat, pas-d'âne, pétales de coquelicot, fleurs de bouillon blanc, guimauve, violettes, mélangées à parties égales.

Dr HENRI MERCIER.

—×—

28666. *Oise.* — Couper la queue de son chat, pour le prémunir contre le *vertigo* éventuel, est un remède de la même famille que le collier de bouchons pour le desséchement des mamelles, — sauf qu'il est beaucoup moins inoffensif.

Causerie de l'Architecte

LE LIERRE ET LES MAISONS

Il est une étrange opinion, à notre avis beaucoup trop répandue, qui consiste à prétendre que le lierre entretient l'humidité sur les murs. C'est le contraire qui est vrai, et il suffit, dit une revue anglaise, *The Garden*, d'être quelque peu observateur pour s'en rendre compte : en effet, le lierre se fixe sur les murs par des milliers de racines qui ont vite fait d'en absorber l'humidité, le cas échéant.

Si le mur est en bon état et bien sec, il est soustrait aux influences atmosphériques par l'épais feuillage du lierre qui empêche la pluie d'atteindre le mur et le peu qui y pénètre est bientôt absorbé par les racines.

Le mur n'en sera que plus sec et plus chaud ; il est faux de soutenir cette théorie que le lierre engendre de l'humidité par suite de l'ascension dans la tige et dans les feuilles, de l'eau que ses racines absorbent en terre pour le faire vivre et croître : cette eau est raidement évaporée au milieu du feuillage et n'affecte en rien le mur.

HENRI DIDELOT,
Expert à la Cour d'Appel.

—×—

6931 *Paris.* — En l'absence de stipulations contractuelles, le locataire peut, à la fin de son bail, emporter tous les agencements qui, après avoir été détachés, conservent une certaine valeur et peuvent être utilisés ailleurs. Mais il ne saurait forcer le bailleur à l'indemniser pour les embellissements qu'il est obligé d'abandonner ; il n'a même pas le droit de les détruire en remettant les lieux dans leur état primitif. C'est une conséquence rigoureuse du droit d'accession reconnu au propriétaire. Or, on ne peut enlever ce qui s'est incorporé à l'immeuble, ni le détériorer.

H. D.

BIBLIOGRAPHIE

L'art de se défendre dans la vie. — Causerie d'avocat — Sous ce titre sans prétention, l'imprimerie du journal *Le Conseiller Judiciaire* publie un volume intéressant qui met à la portée de tout le monde les connaissances de *droit usuel* indispensables pour se tirer d'affaire au milieu des mille petits conflits dont nous sommes journellement tributaires.

Tribunaux, procédure, droit théâtral, accidents, assurances, contributions, locations, concierges et propriétaires, réparations locatives, hôteliers, voyageurs, domestiques, fournisseurs, législation ouvrière, etc.

Autant de causeries dans lesquelles l'auteur Comte Léon de Méritens, avocat, docteur en droit, initie ses lecteurs *à la pratique de la jurisprudence.*

Tout cela en un style simple, agrémenté d'anecdotes qui distraient utilement de la sévérité du sujet.

1 volume 400 pages, prix 5 fr., vendu au journal *Le Conseiller Judiciaire*, n° 32, rue de Berlin.

P.-S. — La première édition étant épuisée, nous prions les lecteurs qui ont bien voulu nous demander ce volume d'attendre quelques jours. La 2e édition est sous presse.

NOS BOISSONS

La causerie du docteur Mercier, dans notre dernier numéro, a causé quelque émotion parmi certains de nos lecteurs que je soupçonne d'être des commerçants en liquides.

Bières, cidres et vins, nous disent-ils, sont des boissons hygiéniques lorsque, bien entendu, l'on n'en fait pas abus.

Notre ami n'a jamais prétendu le contraire ; il n'a parlé que de l'eau. Eh bien, même pour l'eau, il s'est trouvé un contradicteur.

« Vérité en deça, erreur au-delà ! » l'expression est devenue proverbiale et se confirme tous les jours.

M. Fiévet, marchand de thés et spécialement de fleurs de thé, nous dit « qu'en Extrême-Orient l'eau fraîche est contraire à la santé. »

Dans toutes les missions catholiques, les missionnaires européens tiennent toujours en réserve, de 30 à 40 jarres en terre, dans lesquelles ils laissent veillir l'eau. Ils ne la boivent que lorsqu'elle a croupi dans ces récipients pendant cinq à six mois et c'est grâce à cette eau, au parfum de putréfaction, que l'on n'est jamais malade.

C'est même ordonné, sous peine de réprimande, par les évêques aux missionnaires. Et lorsque l'eau croupie manque, on la remplace en faisant bouillir de la fleur de thé dans de l'eau fraîche.

L'usage de la fleur de thé commence à se répandre en Europe ; chez nous il y a été introduit par notre colonie du Tonkin où l'arbre à Thé réussit aussi bien qu'en Chine.

Les fleurs de l'arbre à Thé ne sont connues en réalité dans le commerce que depuis quelques années, et on rencontre beaucoup de spécialistes importateurs de Thés qui ne préconisent pas leur emploi, et pour cause.

1° *La grosse difficulté de s'en procurer* en Chine, où la prohibition officielle n'existe pas en fait, mais bien plus forte que les tarifs des douanes, elle existe par l'accaparement intégral de ce produit par les mandarins ; c'est la dîme, et tous les mandarins sans distinction exigent des planteurs les 4 cinquièmes au minimum des *fleurs de thé* qu'ils récoltent.

2° *Les Fleurs de Thé ne peuvent être falsifiées,* ni mélangées à des fleurs d'autres plantes, c'est la pierre d'achoppement pour tous les négociants en thés qui se voient dans l'obligation de les livrer au commerce telles qu'elles arrivent du pays d'origine ; de là des difficultés, pas de mélanges, pas de coupages, pas de fraudes possibles.

3° *Les Fleurs de Thé,* d'après les rapports des professeurs Em. Perrot et A. Goris (de l'Ecole supérieure de Pharmacie de Paris) ne contiennent que 1 % *de Caféine,* alors que le thé en feuilles en contient 3 et même 3 ½ pour cent ; de là l'énervement produit par le thé en feuilles sur beaucoup de personnes nerveuses qui se voient dans l'obligation de s'abstenir de boire ce breuvage qui leur cause des insomnies ; avec les fleurs de thé rien à craindre : on peut à toute heure en absorber même en quantité sans craindre de retarder le sommeil.

4° Il est à noter que dans les hôpitaux militaires, en Indo-Chine en particulier, où la *dysenterie* est une des plus fréquentes maladies, on prescrit à ceux qui sont atteints de cette maladie d'intestin les *Fleurs de Thé* et non le thé en feuilles, comme boisson ordinaire

Les personnes atteintes de *gravelle* peuvent également en faire usage, car trois mois de *fleurs de Thé,* abstraction faite de tout autre boisson aux repas, ou en dehors des repas, combat la lithiase rênale, et nombreux sont les cas de guérison obtenue par ce simple moyen, qui n'est pas une médicamentation ennuyeuse ; car les fleurs de Thé sont jasminées naturellement, et n'ont pas besoin de l'être artificiellement, comme le sont certains thés de Chine et en particulier les thés du Japon.

Les fleurs ont un parfum agréable et un goût délicieux qui captive tous les gourmets et amateurs de thés.

FIÉVET.

—×—

Mode d'emploi :

Procéder exactement comme pour le Thé en feuilles, mais en prolongeant l'infusion de 10 à 12 minutes ou faire bouillir 3 à 4 minutes, on obtiendra ainsi un Thé de belle couleur ambrée.

La Fleur de Thé supporte deux infusions ou décoctions, la deuxième dont le goût se modifie un peu, est aussi bonne et agréable que la première.

La Fleur de Thé est le seul produit qu'il soit impossible de falsifier.

CAUSERIE DU VOYAGEUR

En Chemin de Fer

Nos Compagnies de chemin de fer sont grandes dames avec qui il ne fait pas bon discuter sans être armé de toutes pièces.

Le fait de prendre un ticket de chemin de fer au guichet d'une Compagnie constitue un contrat dont il est utile de connaître les obligations si l'on veut s'éviter des ennuis.

Il est interdit de monter dans un train sans être muni d'un billet, sous peine d'une contravention qui se traduit par cinquante francs d'amende, ordinairement. On peut l'éviter en prévenant le contrôleur du train que l'on monte sans billet.

Même précaution à prendre si l'on monte dans une voiture de classe supérieure faute de place dans les wagons de la classe à laquelle on a droit.

S'il n'y a pas suffisamment de place dans un train, la Cie est obligée d'ajouter des voitures, à moins que le convoi n'en comprenne déjà 24, chiffre qui ne peut être dépassé sur certaines lignes, à cause des courbes, ce chiffre est même diminué; mais la Cie a la ressource de trains supplémentaires.

Dans tous les cas, si l'on ne trouve pas de place dans un train on peut, devant le Tribunal Civil ou le Tribunal de Commerce, introduire une instance en dommages-intérêts. Il suffit de prouver que le retard a causé un préjudice.

Le même droit est acquis si un retard dans la marche d'un train a fait manquer au voyageur une correspondance avec un autre train.

Peut-on marquer sa place ? Les Tribunaux ont décidé qu'un voyageur peut s'installer à une place inoccupée, quoique *marquée*, c'est-à-dire retenue par un autre voyageur qui y a déposé un objet quelconque. La Compagnie P. L. M. délivre des tickets spéciaux pour les places retenues à l'avance.

Fenêtres. — Rien n'est fixé au sujet du droit d'ouvrir ou de fermer les fenêtres. Si un voyageur s'obstine à ouvrir en temps de froid, ou à fermer par de fortes chaleurs, on ne peut que faire intervenir le Chef de gare ou le Contrôleur du train.

Fumeurs. — On ne peut fumer que dans les wagons spéciaux portant l'indication « *fumeurs* ». Ce n'est que par tolérance que l'on peut fumer dans les autres voitures, mais il faut le consentement des autres voyageurs.

Chiens. — Ce n'est que par tolérance que les chiens sont admis dans les compartiments des voyageurs. Si un *seul* voyageur proteste contre la présence du chien, celui-ci ne peut rester dans le compartiment.

Amendes. — Toutes les contraventions en matières de chemins de fer peuvent entraîner une amende de 16 à 3.000 fr. (*Ordonnance de 1846*). Ainsi, une contravention qui, dans la rue, expose un cocher à une amende de 1 à 3 fr., lui en vaudra une de 16 à 3.000 fr., si le fait s'est produit dans la cour d'une gare.

Bagages. — Les bagages ne doivent contenir ni cartouches, ni poudre de chasse, ni explosifs quelconques. (Ils doivent être placés dans des colis spéciaux, et déclarés au chef de gare).

Bagages égarés. — Si le retard d'un colis égaré a causé un dommage à un voyageur, celui-ci peut réclamer une indemnité à la Compagnie.

Bagages perdus. — Faire sa déclaration au Chef de gare, donner la liste des objets contenus dans les bagages, et indiquer leur valeur. Une fausse déclaration expose à des peines correctionnelles pour abus de confiance.

Il arrive souvent que les bagages sont retrouvés après un temps plus ou moins long, et permettent ainsi de constater que le plaignant a fait une déclaration frauduleuse.

La Compagnie ne rembourse pas le montant des objets perdus avant d'avoir fait faire une enquête sur la perte elle-même et sur la valeur des objets perdus.

Accident. — En cas d'accident, *faire constater par un médecin* les blessures que l'on a reçues, et réclamer une indemnité à la Compagnie. Si l'on n'accepte pas les propositions de la Compagnie, recourir aux tribunaux.

L. SCHAAFFHAUSEN.

Petite Correspondance

40278. *Indre-et-Loire.* — Le crime de corruption se distingue du crime de concussion par la circonstance que le fonctionnaire coupable a reçu d'une personne un don ou présent que celle-ci était libre de ne pas faire.

R. G. H., légataire universel. — Le legs est universel chaque fois que le testateur donne à une personne ou à plusieurs conjointement, l'universalité de ses biens, l'ensemble de tous ses droits. Il faut que le testament ne laisse pas de doute sur son étendue.

On fait un legs universel si, par testament, on donne tous ses meubles et immeubles, la nue-propriété de tous ses biens, tout ce qui restera après l'acquitement des legs particuliers ou à titre universel. Le légataire universel a droit aux créances, aux actions, à tout ce qui n'était pas personnel exclusivement au testateur. C'est au légataire universel que les légataires particuliers doivent demander la délivrance de leur legs. Dans le cas où il y a des hériiers à réserve et, à plus forte raison, quand il n'y en a pas, le légataire universel n'a aucune formalité préalable à remplir si le testament est fait par acte public. Mais s'il a été institué légataire universel par testament olographe ou par testament mystique, ce testament doit être présenté au président du tribunal de première instance de l'arrondissement où la succession est ouverte. Sur l'ordre du président, ce testament est déposé entre les mains d'un notaire commis à cet effet.

Le testateur peut imposer à son légataire universel des charges autres que l'acquittement des legs, par exemple, d'élever un monument : le légataire doit examiner, avant d'accepter le legs, si la succession lui fournit les moyens d'accomplir ces charges. Chaque légataire paye un droit de mutation dans la proportion de ce qu'il recueille effectivement : le légataire universel ne doit donc rien si la succession est absorbée par des legs particuliers.

Chien fou. 217. — Responsabilité des propriétaires d'animaux. — Le propriétaire d'un chien est responsable des blessures faites par cet animal d'après les présomptions de faute établie par l'art. 1385 C. civ., s'il ne prouve pas un cas de force majeure ou fortuit, ou une faute de la victime qui aurait excité ou provoqué l'animal.

Il appartient au maître de connaître le caractère de son chien et d'en prévenir les écarts en prenant les précautions nécessaires, attache ou muselière.

89264. Eure-et-Loir. — Avant de faire poser des tapis sur votre escalier, il est prudent de garnir le coupant des marches, avec une thibaude, un molleton ou même du papier gris. Le frottement du tapis sera amoindri, le tapis fera usage double.

Où faire la déclaration de succession ? — Avant la nouvelle loi, les biens devaient être déclarés au bureau de leur situation ; seuls, les biens mobiliers sans assiette déterminée étaient déclarés au bureau du Receveur de l'enregistrement du domicile du décédé.

Aujourd'hui, le régime nouveau simplifie. Tous les biens sont déclarés au bureau du domicile du défunt.

DÉLAIS. — Les délais accordés pour l'enregistrement des déclarations de succession n'ont pas été modifiés. Ils sont :

De six mois, lorsque celui dont on recueille la succession est décédé en France ; de huit mois s'il est décédé dans toute autre partie de l'Europe ; d'un an, s'il est mort en Amérique ; de deux ans, s'il est décédé en Afrique (Algérie comprise) ou en Asie.

FORMULES. — Les déclarations de mutation pour décès sont établies sur des formules imprimées fournies par l'Administration de l'enregistrement, moyennant le paiement d'une taxe de 0 fr. 05 par feuille double et de 2 centimes ½ par feuille simple.

Lectrice grincheuse. — Comment ne pas trouver naturelle l'extension rapide de cette aide morale offerte à tout plaideur dans l'embarras.

Il n'est guère de circonstance dans la vie courante, qui présente plus d'occasions de contestations et de disputes, d'hésitations dans la façon de procéder, de surprises et de désagréments, que la location en général. Autour d'elle se presse et s'agite une foule de questions qui préoccupent la plupart des locataires.

Or, s'il est facile d'éviter les ennuis, de se garder contre les surprises, lorsqu'on est conseillé et guidé par des personnes au courant de toutes ces questions épineuses, il est presque impossible de le faire tout seul, et la cause principale en est dans la diversité des usages et des coutumes en vigueur dans les différentes régions.

Il faut donc un guide, et ce guide se trouve précisément dans le service juridique du journal *Le Conseiller Judiciaire.*

Avec son aide, beaucoup ont évité des frais de procédure, grâce à un arrangement amiable ; quelques-uns ont su présenter leurs revendications de telle sorte que satisfaction leur a été aussitôt donnée ; d'autres, enfin, ont renoncé à entamer une procédure longue et coûteuse, lorsqu'ils se sont rendu compte qu'elle devait aboutir à leur condamnation inévitable : et chacun a pu tirer son parti des conseils qui sont offerts à tous.

R. G. L. — « La Matrie » du canton de Mazamet a été déclarée à la sous-préfecture de Castres, le 26 août 1908 comme association de vitalité mutuelle. Cette déclaration a été rendue publique par insertion du *Journal Officiel* du 26 septembre 1908.

Nous parlerons de cette étude de régénération sociale et nationale. Demandez l'édition à M. Isidore Nègre, à Mazamet (Tarn).

DE MALVÉZIE.

LA CHASSE EN 1909

Numéro spécial de « La Vie à la Campagne »

La chasse est ouverte. C'est dans la campagne le crépitement ininterrompu des coups de feu, de l'aube au crépuscule ; et le soir, après le dîner, les récits des exploits de la journée.

Le moment ne pouvait être mieux choisi par *La Vie à la Campagne*, la célèbre revue Hachette, pour la publication de son remarquable numéro spécial consacré à la chasse. Ce numéro, que tous les chasseurs voudront posséder, s'encadre dans la prestigieuse couverture en couleurs du peintre animalier, E. Merite : *Faisan attaqué par un autour* et contient en dehors d'une centaine de photographies et de dessins groupés en planches ou répartis dans le texte, deux admirables planches en couleurs : *Perdrix rappelant dans la neige*, d'après un tableau de E. Merite, *Setter en Evenershire*, du grand peintre spécialiste anglais, Miss Maud Earl, et un portrait du comte Jean de Sabran Pontevès.

Mais ce numéro ne vaut pas seulement par son illustration incomparable. Le programme, si apprécié et jamais égalé, de *La Vie à la Campagne* n'est-il pas d'être avant tout *Utile* et *Pratique* ? Et ce numéro en est le reflet, car les spécialistes les plus autorisés et les plus grands noms du monde cynégétique ont tenu à y collaborer.

Voici d'ailleurs les titres des principaux articles : *Faut-il conserver le gibier par le froid*, par Edmond Béjot, suppléant au président à la Société centrale des chasseurs. *Empêcher les rafles d'œufs de gibier*, par le comte Justinien Clary, président du Saint-Hubert-Club. *Mes desiderata cynégétiques pour 1909*, par le comte Jean de Sabran Pontevès. *Détruire les animaux nuisibles qui infestent les chasses*, par M. L. Leddet, inspecteur des eaux et forêts. *Le parfait chasseur de Sauvagines*, par Louis Ternier, un maître de la chasse au marais. *Bien porter le fusil aide à bien tirer*, par André de Lesse, un des premiers parmi les écrivains cynégétiques. *Choisir le chien de chasse suivant le terrain*, par Paul Caillard, l'éminent éleveur et l'auteur bien connu et si apprécié. *Apprendre et appliquer le protocole de la chasse*, par le vicomte Paul Chatin de Chastaing. *Parfaire le dressage du chien du garde-chasse*, par le capitaine Tolet, le spécialiste émérite. *Droits et devoirs du chasseur*, par P. Letilloy.

L'élevage d'agrément et de repeuplement de Torcy, par Albert Maumené. *Trucs de braconniers dévoilés*, par L. Breton--Bonnard. *Le point d'attache d'un équipage de chasse à courre*, par L. Sézille, etc., etc., auxquels vient s'ajouter une des si remarquables descriptions d'un des domaines français, *Le château de Saint-Fargeau*, par G. Lanorville, *Raisin gardé frais jusqu'en mai ;* et une dizaine d'articles de saison.

Le côté récréation après la chasse n'est pas non plus oublié et on lira avec plaisir : *Comment préparer et tirer un feu d'artifice*, par Paul Gruyer, et *Pour passer agréablement les soirées de chasse*, par Alber, le prestidigitateur réputé.

Quels sont les méfaits que l'on ne reproche pas aux Romanichels, Bohémiens, Chemineaux, terreurs de nos campagnes. Le meilleur moyen de s'en garder est de connaître les *Signes cabalistiques* qu'ils tracent sur les murs des habitations que *La Vie à la Campagne* DÉVOILE ET MONTRE PAR LA PHOTOGRAPHIE.

Quelle source inépuisable de lectures instructives, de conseils pratiques, vous trouverez, chasseurs et propriétaires de toutes conditions dans ce numéro ! Et ses reproductions en couleurs, qui en représentent dix fois le prix, vous fourniront, en outre, de beaux tableaux de chasse dont vous pouvez orner vos pavillons de chasse. Ce numéro, que votre libraire, les bibliothèques des gares ou la Librairie Hachette vous fourniront, ne coûte que 1 fr. 50.

Garder-vous des Romanichels et des Bohémiens

Pour les éviter et les éloigner, apprenez à lire leur langage secret et à reconnaître les signes cabalistiques qu'ils tracent sur les murs de vos maisons qui vous sont dévoilés par le Texte et par l'Image « La Vie à la Campagne ».

Voici l'automne, et avec les longues soirées la reprise de ces caravanes équivoques de bohémiens, de chemineaux et de romanichels dont les campements, à proximité des villages, ont quelque chose d'inquiétant.

Sans feu ni lieu, vanniers, rétameurs, rempailleurs de chaises, montreurs d'ours, diseurs de bonne aventure, métiers qu'ils adoptent pour mieux cacher leurs rapines, les éternels errants mettent en coupe réglée les produits de la basse-cour, des champs, des jardins et des bois, quand ce n'est que cela. C'est une dîme forcée perçue dans nos campagnes. Ils forment entre eux une grande association secrète et indiquent à ceux qui les doivent suivre dans les pays, par des signes tracés sur les murs des habitations, ce qu'ils peuvent obtenir des habitants.

Tel signe indique s'il y a un chien de garde, tel autre qu'il faut craindre la gendarmerie ou le garde champêtre, tel autre encore qu'il n'y a que des femmes dans la maison et qu'on peut tout exiger, etc., etc. D'après ces signes, qu'il est utile de connaître, ils opèrent ou se gardent d'entrer. C'est pourquoi, *La Vie à la Campagne*, toujours soucieuse de renseigner pratiquement ses lecteurs, a fait photographier ces hiéroglyphes modernes, qu'elle reproduit dans son numéro spécial d'automne consacré plus spécialement à *la chasse*. En même temps que cet article, vous lirez avec profit ceux consacrés à la chasse par les plus qualifiés des spécialistes et vous ferez encadrer pour orner votre demeure les superbes reproductions des tableaux de chasse qu donne ce numéro. (En vente chez les libraires, marchands de journaux, bibliothèques des gares et chez Hachette et Cie, prix 1 fr. 50.)

LE TARIF DES NOTAIRES

Les honoraires, vacations, droits, frais de rôles et de voyages qui peuvent être dus aux notaires à l'occasion des actes de leur ministère, sont fixés de la manière suivante. L'honoraire tarifé d'un acte comprend l'émolument de tous les soins, conseils, consultations, conférences, examens de pièces, projets et autres travaux relatifs à la rédaction de l'acte.

Les dispositions et règles générales qui régissent les tarifs des notaires ne sont point exclusives des émoluments que peuvent réclamer les notaires, soit pour des travaux autres que la rédaction des actes, soit pour des missions dont ils seraient chargés à titre exceptionnel et qui n'auraient rien d'incompatible avec la nature de leur ministère.

Ces émoluments sont réglés à l'amiable sous le contrôle de la chambre de discipline.

Les notaires ne peuvent percevoir aucun droit de recettes et de comptabilité pour l'encaissement et la garde des fonds et valeurs déposés en conséquence ou pour l'exécution directe d'un acte de vente ou d'emprunt passé dans leur étude.

Il est interdit aux notaires, sous peine de restitution, et de poursuites disciplinaires s'il y a lieu, d'exiger des droits et honoraires plus élevés que ceux portés au tarif.

Les notaires peuvent faire remise de la totalité des honoraires d'un acte ; ils ne peuvent en accorder la remise partielle qu'avec l'autorisation de la chambre de discipline.

Aucun honoraire n'est dû pour l'acte, la copie ou l'extrait déclarés nuls par la faute du notaire.

Lorsqu'un acte contient plusieurs conventions dérivant ou dépendant les unes des autres, il n'est perçu d'honoraires que sur la convention principale.

Si les conventions sont indépendantes et donnent lieu à des droits distincts d'enregistrement, l'honoraire est dû pour chacune d'elles. Les actes dressés ou projets présentés par les parties donnent droit aux mêmes honoraires que s'ils sont rédigés par le notaire lui-même.

Les notaires doivent réclamer la consignation des frais qu'ils auront à débourser pour les actes qu'ils sont chargés de dresser.

Avant tout règlement les parties peuvent réclamer le compte détaillé des sommes dont elles sont redevables.

Ce compte est établi sur deux colonnes, l'une destinée aux déboursés, et l'autre aux honoraires : il n'est délivré qu'une fois.

Le concours d'un second notaire à un même acte n'en augmente pas l'honoraire. Toutefois, si l'acte est rétribué par vacation, il est dû des vacations à chaque notaire instrumentant.

Il est interdit aux notaires de partager leurs honoraires avec un tiers.

Entre notaires, si les règlements intérieurs et locaux de la chambre n'en disposent autrement, le partage se fait de la manière suivante : le notaire qui garde la minute a droit à la moitié de l'honoraire, et le notaire en second à l'autre moitié ; les droits de rôle appartiennent exclusivement au notaire détenteur de la minute.

Le notaire constitué dépositaire des minutes d'une étude vacante par décès, a droit à la moitié de tous les honoraires d'actes ou d'expéditions. L'autre moitié revient aux représentants du notaire décédé qui sont tenus de supporter les frais d'études.

En cas de démission, suppression ou destitution, le notaire commis a droit à tous les produits nets de l'office.

LEPRINCE.

Stoppages & Retissages

DANS TOUS LES

Tissus déchirés, brûlés
ou piqués aux vers

CLAVEQUIN père
7, rue de Rome, 5, boul. Voltaire

CLAVEQUIN fils
12, rue de Châteaudun
PARIS

Travail soigné à des prix modérés

Mme MONGOUGNON
Robes de lingerie -- Blouses
POUR DAMES & ENFANTS
9, rue de l'Avenir,
près la Gare, **ASNIÈRES**
TÉLÉPHONE 365

WEIL
TAILLEUR
58, Rue Lafayette, **PARIS**
Téléphone 184-09

Brevet d'invention à vendre pour la France

CORSET-CEINTURE
En tricot intercalé de fils de gomme
ÉLÉGANCE, LÉGÈRETÉ, SOUPLESSE, HYGIÈNE
Modèle déposé. — On peut avec ce tissus faire des Ceintures de toutes formes

S'adresser à Mlle **Elise THUILLARD**, corsetière, Cale-Rivadeira, 1445, à BUENOS-AYRES (République Argentine), ou au journal *Le Conseiller Judiciaire.*

L'AUTO-ECHANGE
237, boul. Pereire et rue Brunnel, 37
VENTES, ACHATS ET ÉCHANGES
de toutes Voitures automobiles
La Maison, de toute confiance, peut fournir toutes marques

Ouverture le 15 Octobre 1909

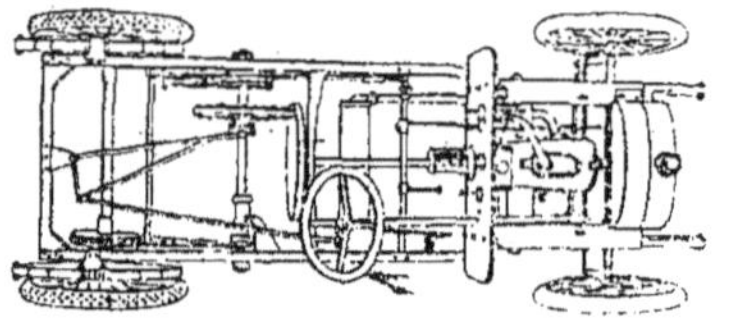

Demander le catalogue J

Société des Voiturettes TURICUM
19, avenue de la Grande-Armée, et 16, rue Duret
Changement de vitesse progressif par friction
Châssis 1 cyl. 8 HP, **3.250** *fr.* | *Châssis 4 cyl. 12 HP*, **4700** *fr.*

LES MEILLEURES CONSERVES ALIMENTAIRES
sont faites par
L.-A. PRICE
Usines à **BORDEAUX**, 229, Cours de Bayonne
et à **BRÉTIGNY-SUR-ORGE** (S.-et-O.) près Paris

LES FLEURS DE THÉ
EXQUISE BOISSON
Le paquet 1 k°, **10** fr. ; Le paquet 500 gr., **5** fr.
Le paquet essai, **3** fr.
Ecrire à **M. Victor FIÉVET**, *Planteur*
46, Faubourg du Temple, **PARIS**

WALDBERG & C° L[td] Téléph. 667-72
14-16, Rue Duret, PARIS
« **PERSELS** » Nickelage inoxydable, supprime avivage. — « **CYPRANIT** » Dégraissage et Cuivrage simultanés — « **CÉAZIT** » Bain de laiton, forte épaisseur, « Simili Plaqué ».
GRAND ATELIER DE DÉMONSTRATION

Miroiterie en gros - Vitraux d'art
DORURE
VITRERIE - INSTALLATIONS DE MAGASINS
E. HENRY & Cie
Tél. 426-84 — 27, *rue Lafayette* — Tél. 425-84

Cours SOYER

stis, ... Martin
... ANTERRE (Seine)

Solfège, Piano, Chant, Harmonie, Fugue
Contre-Point, Violon, Contrebasse, Violoncelle

L'Art de se défendre dans la Vie

CAUSERIES D'AVOCAT

Sous ce titre sans prétention, l'imprimerie du journal *Le Conseiller Judiciaire* publie un volume intéressant qui met à la portée de tout le monde les connaissances de droit usuel indispensables pour se tirer d'affaire au milieu des mille petits conflits dont nous sommes journellement tributaires.

Tribunaux, procédure, droit théâtral, accidents, assurances, contributions, locations, concierges et propriétaires, réparations locatives, hôteliers, voyageurs, domestiques, fournisseurs, les diverses juridictions, législation ouvrière, droit usuel, etc.

Autant de causeries dans lesquelles l'auteur comte Léon de Méritens, avocat, docteur en droit, initie ses lecteurs *à la pratique de la jurisprudence*

Tout cela en un style simple, agrémenté d'anecdotes qui distraient utilement de la sévérité du sujet.

1 volume 300 pages, prix **5** fr., vendu au journal *Le Conseiller Judiciaire*, 32, rue de Berlin.

LE COURRIER DE LA PRESSE

A. GALLOIS & CH. DEMOGEOT

21, Boulevard Montmartre — PARIS

Fournit coupures de Journaux et Revues sur tous sujets et personnalités

Le Théâtre des **FANTAISIES-PARISIENNES** malgré la modicité de ses prix, ne recule devant aucun sacrifice pour demeurer une scène de premier ordre. Le soin avec lequel la direction a choisi sa troupe promet aux spectateurs des soirées pleines de charme, car en plus des œuvres données chaque semaine et puisées dans les meilleurs du répertoire, les dernières créations des boulevards sont présentées. La bonbonnière de la **Rue Fontaine** continue d'être le Théâtre de bon ton et de bon renom où l'on aime à se retrouver. Directr M. Bussac.

Il faut voir les attractions de l'Alcazar d'Été et des Ambassadeurs

Demandez les Prix de l'Imprimerie **PERRETTE**, 5, cours Jourdan, Limoges (Hte-Vienne)

FUSILS HAMMERLESS

Triple verrou

ANSON et DEELEY

Avec Certificat du banc d'épreuve de Paris pour la poudre pyroxylée.

Fabrication HERSTAL-LIÈGE

200 fr.

REVO...

Ha...

VE...

7, ra...

TARIF DE PUBLICITÉ

DU JOURNAL

Le Conseiller Judiciaire

	TROIS MOIS	SIX MOIS	UN AN
Page entière.	65 fr.	125 fr.	200 fr.
1/2 page.....	35 »	65 »	125 »
1/4 —	20 »	35 »	65 »
1/8 —	15 »	20 »	35 »
1/16 —	10 »	15 »	20 »
1/32 —	6 »	10 »	15 »

La ligne fin de page............ 1 fr. 50

La ligne-réclame dans le texte. 1 fr. »

LIMOGES, Imp. Commerciale PER... TE.

Directeur-Gérant : L. de MÉRITENS.

Imprimé en France
FRHW010334010324
38267FR00007B/93

9 782418 098176